Flensburger Förde
Kappeln
Arnis
Schlei
Eckernförder Bucht
Eckernförde
Kieler Bucht
Ostsee
Puttgarden
Fehmarn
Burg
Laboe
Heiligenhafen
Kiel
Lütjenburg
Oldenburg
Molfsee
Plön
Emkendorf
Holsteinische
Schweiz
Ostholstein
Bungsberg
Preetz
Rendsburg-
Eckernförde
Plön
Grömitz
Eutin
Neustadt
Bornhöved
Neumünster
Lübecker Bucht
Scharbeutz
Timmendorfer Strand
Travemünde
Priwall
Wrist
Segeberg
Bad Schwartau
Bad Segeberg
Bad Bramstedt
Lübeck
Trave
Bad Oldesloe
Elbe-Lübeck-Kanal
Quickborn
Stormarn
Pinneberg
Norderstedt
Ratzeburg
Ahrensburg
Mölln
Schenefeld
Herzogtum
Lauenburg
HAMBURG
Reinbek
Schwarzenbek
MECKLENBURG-
VORPOMMERN
Lauenburg
Elbe

Gebrauchsanweisung für Schleswig-Holstein

Mareike Krügel
Jan Christophersen

Gebrauchsanweisung für Schleswig-Holstein

PIPER

Mehr über unsere Autorinnen, Autoren und Bücher:
www.piper.de

Wenn Ihnen dieses Buch gefallen hat, schreiben Sie uns unter Nennung des Titels »Gebrauchsanweisung für Schleswig-Holstein« an empfehlungen@piper.de, und wir empfehlen Ihnen gern vergleichbare Bücher.

Dieses Buch wurde gefördert im Rahmen des Stipendienprogramms der VG WORT in NEUSTART KULTUR der Beauftragten der Bundesregierung für Kultur und Medien.

Dank an Dirk Lornsen für die Genehmigung des Abdrucks aus *Nis Puk* von Boy Lornsen, © Boy Lornsen, an den Wallstein Verlag für die Genehmigung des Textabdrucks von Heinrich Deterings Gedicht *Wrist,* © Wallstein Verlag, Göttingen 2009, sowie an Sven Regener für die Genehmigung des Abdrucks des Liedtextes *An Land* von Element of Crime, published by Universal Music Group.

Unser Versprechen für mehr Nachhaltigkeit
• Klimaneutrales Produkt
• FSC®-zertifiziertes Papier
• Hergestellt in Europa

FSC
www.fsc.org
MIX
Papier | Fördert gute Waldnutzung
FSC® C083411

ISBN 978-3-492-27757-0

Redaktion: Margret Trebbe-Plath, Berlin
Karte: Peter Palm, Berlin
Satz: Fotosatz Amann GmbH & Co KG, Memmingen
Gesetzt aus der Bembo und der Trade Gothic
Litho: Lorenz & Zeller, Inning am Ammersee
Druck und Bindung: CPI books GmbH, Leck
Printed in the EU

Inhalt

7 Einleitung
Eine Gebrauchsanweisung für die Gebrauchsanweisung

15 Nordisch by Nature
Steine, Torf und ungefährliche Tiere

32 Moin und gut ist
Über Sprache, Namen und so

43 Dor kümmt een Schipp ut Holland
Bräuche, Feste und Folklore

60 Es folgt der Wetterbericht …
Über das Small-Talk-Thema Nummer eins, Wetterpragmatismus und gefühlte Temperaturen

74 Erst die Arbeit und dann
Leben, wo andere Urlaub machen

90 Dat se bliven ewich tosamende ungedelt
Ein großes Hin und Her – die Geschichte Schleswig-Holsteins

105 Und unsern kranken Nachbarn auch
Von Herrenhäusern, Geestbauern und Mondnächten

122 Rüm Hart – klaar Kimming
Go West! Die Nordseeküste mit ihren Halligen und Inseln

143 Die Moorleichen finden Sie im Obergeschoss
Ausflugsziele, besondere Orte, Highlights

162 Im Niemandsland
Über das Leben an und mit Grenzen, Butterfahrten und Petuhtanten

178 Pharisäer, Tote Tanten und Errötende Jungfrauen
Schleswig-Holstein kulinarisch

194 Kopfreisen und Leuchttürme
Kunst und Künstler zwischen den Meeren

205 Das Meer ist …
… Wirtschaftsgrundlage, Transportweg, Sportplatz, Lebensgefühl?

220 Nachwort: Tschüß – mit ß
Oder: Die Ewigkeit sieht aus wie Wrist

Einleitung
Eine Gebrauchsanweisung für die Gebrauchsanweisung

Folgende Situation: Fernsehinterview barfuß im Watt. Das kommt vor, wenn man schreibt und in Schleswig-Holstein lebt. Das Mikrofon, das an langer Stange möglichst nicht ins Bild gehalten wird, trägt einen Fusselpelz – im Fachjargon »Tote Katze« genannt –, damit der ewig wehende Westwind die Tonaufnahme nicht völlig unbrauchbar macht. Auf dem nahe gelegenen Grasdeich niest ein Salzwiesenlamm, und von irgendwoher ruft ein Kuckuck, sodass die Tontechnikerin unzufrieden den Kopf schüttelt. Ein Kuckuck? Hier? Kein Baum weit und breit – das nimmt einem doch keiner ab. Der Wind zerzaust jeden Rest von Frisur. Nasskalt ist es. Kurz: eher ungemütlich. Und die erste Interviewfrage lautet: »Was ist eigentlich so norddeutsch an den Norddeutschen?«

Wie antwortet man da?

Manchmal ist es unmöglich, sich über etwas klar zu werden, wenn man mittendrin steht. Für jedes Vorurteil, jede Pauschalaussage muss man mindestens einen Schritt zur Seite treten. Tom Waits sang einst in seiner *San Diego Serenade:* »I never saw the east coast until I moved to the west«. Dass da etwas dran ist, dämmert einem womöglich zum ersten Mal, wenn man vom Studienort nach Hause fährt, irgendwann in Hamburg in die Regionalbahn umsteigt und bei der Durchsage des Bahnpersonals nicht länger rätselt, was man da gerade hört: Hochdeutsch, keine Frage. Je öfter man diese Reise unternimmt, desto klarer kristallisiert sich heraus, dass das, was man für Hochdeutsch hält, in Wahrheit wohl doch eine leichte oder stärkere Färbung besitzt. Erst in der Fremde lernt man, die Feinheiten der eigenen Sprache zu erkennen. Bisher hat man vielleicht gedacht, solang man nicht redet wie Werner, der Lehrling bei Meister Röhrich aus dem gleichnamigen Comic (»Und ich sach noch, mach das nich…«) oder bei jeder Gelegenheit niedliche Wörter mit plattdeutschem Einschlag benutzt (Dösbaddel, Tüddelbüddel, Ohaueha), merkt niemand, wo man aufgewachsen ist. Und ganz langsam kommt einem der Verdacht, dass man unter Umständen noch einiges mehr an sich für verallgemeinerbar gehalten hat, das in Wirklichkeit regionaltypisch ist. Dann hat man zwei Möglichkeiten: es verbergen oder dazu stehen.

Was ist denn nun so norddeutsch an den Norddeutschen?

Gar nicht einfach zu sagen. Schon gar nicht für uns Norddeutsche selbst, die wir bekanntlich wortkarg und zurückhaltend sind und uns höchst ungern angreifbar machen. Wir schieben unsere Pfeife in den Mundwinkel und murmeln ein paar weise Worte in unseren Seemannsbart, wenn wir denn einen haben. Ansonsten nicken wir, aber nur genau ein Mal. Sture Fischköppe, die wir sind.

Oder ganz anders: Wir Norddeutschen können unseren »Sabbel« nicht halten und reden über den Gartenzaun hinweg in breitestem Plattdeutsch so schnell und so meinungsstark, dass allen die Ohren schlackern. Klatsch und Tratsch und gesundes Misstrauen gegen die ganze Welt sind unsere liebsten Gesprächsinhalte.

Stimmt nicht? Wir Norddeutschen stehen überhaupt nicht an Gartenzäunen. Wir sind zähe Personen, Nachkommen von Wikingern, groß und blond und mit dunkelblauen Strickpullovern. Wir sind die härtesten Griller. Mögen Lakritz. In unserer Freizeit segeln wir, reiten oder jagen. Wir züchten Pferde und gewinnen Regatten. Manche von uns führen erfolgreich Expeditionen zum Nordpol durch.

Allzu schnell landet man bei Abziehbildern, und das ist für eine Autorin und einen Autor selbstredend völlig unverantwortlich. Zumal wir es besser wissen sollten. Wir sind beide in Schleswig-Holstein geboren, bei Kiel und Flensburg aufgewachsen, waren allein und zusammen draußen in der Welt unterwegs und leben hier nun wieder seit bald 15 Jahren mit unserer Familie unter einem Dach, oben rechts, an der Ostküste des Landes, bei Kappeln. Wir sollten folglich genug Anschauung haben, sodass sich billige Gemeinplätze bei uns nicht unbemerkt einschleichen können. Es verbietet sich nicht zuletzt von Berufs wegen, auch nur in diese Richtung zu denken. Das Ziel ist es doch gerade, Klischees zu vermeiden. Normalerweise jedenfalls. Obwohl diese gelegentlich natürlich Spaß machen.

Dürfen wir nun also in einer *Gebrauchsanweisung für Schleswig-Holstein* so richtig gemütlich dem Affen Zucker geben? Uns suhlen im Vorurteilssumpf und endlich mal schön undifferenziert Behauptungen aufstellen? Ursprünglich hatten wir uns genau darauf gefreut. Einfach mal die Fesseln der Belletristik abschütteln und hemdsärmelig verkünden, die Schleswig-Holsteiner seien eben so oder so. Dazu mussten wir uns erst mal im Sinne der oben erzählten Anekdote auf die Suche nach dem machen, was denn eigentlich typisch ist. Um am Ende festzustellen, dass wir es nicht mögen, das Verallgemeinern. Es liegt uns nicht, jedenfalls nicht in Schriftform, und es wird auch dem Land, von dem wir erzählen wollen, nicht gerecht.

Oberflächlich betrachtet scheint die Sache eh klar zu sein: Einmal eine Folge einer Fernsehserie wie *Neues aus Büttenwarder* gucken, und schon weiß man, wie das übrige Deutschland die Leute hier oben sieht und wie manche sich selbst gern sehen. Es ist die bäuerliche Variante des Hamburgers, die einem da präsentiert wird. Helmut Schmidt in Gummistiefeln, Heidi Kabel in Ölzeug. Viel Viehzeug und Gülle, viel Piefigkeit und dörfliches Klein-Klein. Obendrein behauptet das Land in seinem offiziellen Werbeslogan, der allen Reisenden etwas anmaßend auf massigen Straßenschildern präsentiert wird, hier in Schleswig-Holstein befinde sich *Der echte Norden*. Das ist aus Sicht der anderen nördlichen Bundesländer natürlich arg vereinfachend ausgedrückt. Aber so kann man hier eben manchmal sein. Punktum. Im Kieler *Tatort* scheint selbstverständlich nie die Sonne. Graue Menschen begehen in grauen Städten am grauen Meer selbstsüchtige Verbrechen. Norddeutsche Comedians schweigen viel und lieben es, das Publikum zu deprimieren. Oder sie stellen sich ungebildeter, als sie sind, um ihre Bauernschläue zu beweisen. Die frühen Filme von Detlev Buck zeigen eine Welt, in der Sätze fallen wie: »Doch, doch, der Funkverkehr ist an und für sich spannend.« Zeitgenössische Lyrik spart mit Worten.

In der bildenden Kunst ist selbst auf den pastosen Ölgemälden wilder Outdoormaler hauptsächlich luftige Weite zu sehen. Und als sich der Physiker Klaus Hasselmann im Herbst 2021 zu der Tatsache äußerte, den Nobelpreis zuerkannt bekommen zu haben, feierte ihn das restliche Deutschland – und nicht zuletzt das nördlichste Bundesland – für seine typisch norddeutsche Reaktion. Er wisse gar nicht, wie das mit dem Nobelpreis passiert sei. Dass Hasselmann eigentlich Hamburger ist, mit Zweitwohnsitz auf Sylt, störte in diesem Fall nicht. Manchmal zählt man hier die Hamburger mit Ferienhaus großzügig dazu, manchmal nicht. Je nach Situation.

Alles an Schleswig-Holstein scheint erst mal moderat, zum Teil langweilig, ein bisschen diesig wie das Wetter im Herbst. Und zugleich gibt es die einmalige Lage des Landes zwischen zwei Meeren, die in ihrer Art so unterschiedlich sind, dass man kaum eine Aussage treffen kann, die für beide gilt. Hier die langen Strände, sandig oder steinig, Wasser, in dem sich nicht zuletzt Quallen wohlfühlen, Steilküsten und niedliche Küstenorte; dort das geriffelte Watt, die Inseln mit ihren reetgedeckten Friesenhäusern, Deiche, Schafe und ihre »schwarzgrünen Kugeln«, mit denen sie diese garnieren. Oben Dänemark, unten das übrige Deutschland. Und dazwischen ein Gebiet, das viele nur vom Blick aus dem Autofenster kennen, wenn sie auf der A7 Richtung Skandinavien oder wieder zurück durchs Land brettern.

Es gibt hier eine markante, freundlich-unfreundliche Zurückhaltung in allem, die nicht wenigen Menschen durchaus gefällt und die gerade in aufgebrachten Zeiten heilsam wirken kann. Irgendwie hat es dieses Bundesland zum Beispiel fertiggebracht, in der Coronapandemie zunächst und für längere Zeit zu den Gebieten zu gehören, in denen die Infektionszahlen noch einigermaßen tolerabel waren. Warum das so war, konnte niemand genau sagen. Lag es an den Leuten und ihrer Art? Oder doch am Wind? Um ein typisches Vorurteil zu zitieren: Die Schleswig-Holsteiner sollen sehr unzufrieden gewesen sein mit der 1,5-Meter-Abstandsregel, die zur Pandemiebekämpfung ausgerufen wurde – sie wollten so schnell wie möglich zurück zu ihren üblichen drei Meter Abstand. Ob etwas Wahres dran ist? Wer weiß.

Auf den zweiten Blick sind die Dinge oft ein bisschen komplizierter. Manchmal passen sie einfach nicht zusammen. Da ruft dann eben ein Kuckuck im Wattenmeer. Das hätte man nicht erwartet, ist aber so. Es gab und gibt im zweitkleinsten Flächenland der Republik eine mitunter verwirrende Gleichzeitigkeit. Von Reichtum und Entbehrung zum Beispiel. Von Großbauerntum und Selbstversorgung. Wie in den USA, wo im Wilden Westen die Gesetzlosen ihre Duelle zur Mittagszeit austrugen, während an der Ostküste die Universitäten internationalen Ruf erlangten. In Schleswig-Holstein wurde einst irgendwo mühsam Torf gestochen, während die Dichter und Denker des Landes in den Parks von Herrenhäusern herumsaßen und sich gegenseitig Lyrik vorlasen. Und während heute in so mancher Gegend Höfe um ihre Existenz kämpfen, Dörfer überaltern und langsam sterben, boomt an den Küsten und Förden der Immobilienmarkt, weil reiche Leute aus sonst wo in der Nähe ihrer Segelboote wohnen wollen.

Und um das auch gleich festzuhalten: Natürlich hat Schleswig-Holstein einige Superlative zu bieten. Jedes Bundesland hat einen tiefsten Landpunkt – aber nur in

Schleswig-Holstein ist es auch der tiefste Punkt Deutschlands. Der liegt mit 3,54 Metern unter Normalnull in der Wilstermarsch im Kreis Stormarn. Es geht hier aber sogar noch weiter runter, unter Wasser im Hemmelsdorfer See bei Travemünde nämlich. Dort befindet sich mit 39,5 Metern unter Normalnull der tiefste Festlandspunkt der Republik. Wissen wir das. Einen Skilift besitzt das Bundesland tatsächlich auch, am Bungsberg, der mit seinen 168 Metern überm Meeresspiegel die höchste Erhebung weit und breit darstellt. Knapp 200 Meter Höhenunterschied insgesamt. Dazwischen spielt sich Schleswig-Holstein ab.

In Heide gibt es den größten Marktplatz Europas, wobei Krakau dasselbe von sich behauptet, genauso wie Freudenstadt im Schwarzwald. Da sind dann Details wie *un*bebaut, *be*baut oder *um*baut plötzlich sehr entscheidend. Arnis an der Schlei ist mit weniger als 300 Einwohnern auf einer Fläche von einem halben Quadratkilometer die kleinste deutsche Stadt. Die Bräutigamseiche bei Eutin besitzt als erster Baum weltweit eine eigene Postanschrift (Bräutigamseiche, Dodauer Forst, 23701 Eutin); mittlerweile gibt es einige Nachahmer anderswo. Täglich treffen hier bis zu 50 Briefe aus aller Welt ein, die im Astloch der 500-jährigen Eiche deponiert werden. Mehr als zehn Ehen sollen über diese Kontaktadresse zustande gekommen sein. In der Landeshauptstadt Kiel befindet sich seit 1953 die angeblich erste Fußgängerzone Deutschlands. Am Nord-Ostsee-Kanal steht mit über 500 Metern die längste Bank der Welt. Und so weiter. Und so fort.

Alles, was Sie über das Bundesland Schleswig-Holstein und dessen Bewohner denken, stimmt. Und es stimmt nicht. Es wird in diesem Buch jedenfalls nicht darum gehen, mit allen gängigen Vorurteilen aufzuräumen. Was wir in einer Gebrauchsanweisung bieten können, ist, hier und da genauer hinzusehen. Und für das eine oder andere Erklärungen anzubieten. Im Großen und Ganzen müssen Sie Schleswig-Holstein ja nicht verstehen, um es einschätzen zu können. Genauso wie man bei einem Auto nicht wissen muss, wie der Motor funktioniert, damit man es fahren kann. Man muss allerdings wissen, wo der Zündschlüssel reingehört, was passiert, wenn man irgendwelche Knöpfe drückt, und was es bedeutet, wenn ein bestimmtes Lämpchen aufleuchtet.

In diesem Sinne ist das, was Sie gerade in der Hand halten, dann tatsächlich eine Gebrauchsanweisung für Schleswig-Holstein.

Nordisch by Nature

Steine, Torf und ungefährliche Tiere

Mareike Krügel

Seit einiger Zeit weiß ich es: Ich lebe auf Resten von Skandinavien. Wenn ich von meinem Wohnhaus aus den Feldweg entlang unseren etwas außerhalb liegenden Kirchenhügel hinaufspaziere, gehe ich auf schwedischem Gestein, vor Jahrmillionen hier zusammengeschoben, abgelegt, zurückgelassen und nach und nach zu einer welligen, freundlichen Landschaft gewandelt. Etwas skandinavisch kann Schleswig-Holstein einem natürlich leicht vorkommen. Wegen der dänischen Hotdogs zum Beispiel, die man in vielen Fußgängerzonen an kleinen Buden mit Dannebrog-Flagge kaufen kann. Oder wegen der baumwollenen Vorhangstoffe an den Fenstern, der Vorgärten voller Bauernrosen, der vielen Brittas, Ingas und Oles, die hier nicht erst neuerdings ganz selbstverständlich herumlaufen. Aber nicht nur oberflächlich ist es hier so nordisch, sondern auch irgendwie unsichtbarer, atmosphärischer – grundlegender eben.

Bereits in der Grundschule lernt man bei uns, die dreifaltige Struktur der schleswig-holsteinischen Landschaft zu benennen. Von West nach Ost: Marsch, Geest und Östliches Hügelland. Man lernt, dass all das, was wir täglich sehen, von Eiszeiten geformt wurde. Wenn ich als Kind von meinem Wohnort bei Kiel aus mit dem Fahrrad zum nächsten Strand fahren wollte, kam ich durch eine Senke, die einfach nur »das Urstromtal« hieß. Die Steine, die ich am Fuß der Steilküsten an der Ostsee fand und aufsammelte, ein Stück mitschleppte und wieder fallen ließ, sobald ich einen hübscheren sah, hatten skandinavische Namen – Oslobasalt, Schonengranulit, Larvikit.

Aber erst als Erwachsene, als es anfing, mich wirklich zu interessieren, wurde mir klar, dass dort, wo jetzt Schleswig-Holstein liegt, kein Land wäre – abgesehen von einer Insel aus Gipsgestein, dem Segeberger Kalkberg, der aus dem Wasser ragen würde –, wenn nicht Schweden und Norwegen aus Felsen beständen. Und wenn die Gletscher während der Kaltzeiten auf ihrem langsamen, unbeirrbaren Weg nach Süden nicht jede Menge davon mitgenommen hätten. Das Land, auf dem ich stehe, wenn ich vom Kirchenhügel meines Wohnortes aus Richtung Küste blicke, ist insofern eigentlich nicht geformt durch Eiszeiten, wie ich in der Schule lernte. Es ist *entstanden* durch Eiszeiten.

Schleswig-Holstein ist längs gestreift. Zwar sind die Farben Blau, Weiß und Rot auf der Flagge quer aufeinandergeschichtet, wenn man jedoch aus der Vogelperspektive auf das Bundesland blickt, erkennt man seine klare vertikale Dreiteilung. Und die Streifen, die von Norden nach Süden verlaufen, sind derart unterschiedlich, dass man beim Querdurchfahren von einem Meer zum anderen deutlich merkt, in welchem von ihnen man sich gerade befindet.

So hat die Geest, der mittlere Abschnitt, einen sandigen, wenig fruchtbaren Boden, denn die Gletscher haben hier alles Gestein unter sich zermahlen. Auf diesem Drei-K-Boden – nur geeignet für Kiefern, Kartoffeln und Karnickel – braucht die Landwirtschaft Erfindungsreichtum. Und das Grundwasser kratzt wegen des dringend nötigen Düngens ständig an der Grenze zur bedenklichen Nitratbelastung. Der Name dieser Region kommt von dem niederdeutschen Wort für »trocken« und »unfruchtbar« – *gest*. Einen Katzensprung nördlich der Elbe, bei St. Michaelisdonn, sieht man den Rand der Geest ganz deutlich: eine 40 Meter hohe, steile Abbruchkante mitten im Land, dort, wo irgendwann im Pleistozän einmal eine Gletscherzunge endete. Davor lag früher das Meer. Und heute liegt dort die Marsch.

In der Marsch hatten die Gletscher nichts mitzureden. Dort ist der Boden dem Meer abgetrotzt, entweder neu hinzugewonnen, zurückerobert oder mit aller Kraft festgehalten. In der Marsch sind die Böden nährstoffreich und fruchtbar, sie eignen sich gut für Gemüse, aber sie müssen entwässert werden, denn das Wasser von oben und das von unten streben zueinander und wollen sich vereinen. Wenn man am Strand ein Loch buddelt, braucht es nur wenige Handbreit tief zu sein, bevor es sich mit Wasser füllt. Probiert man dieses, stellt man fest, dass es sich um Süßwasser handelt. Am Strand und in den Wiesen der schleswig-holsteinischen Marsch im Westen spürt man, wie dünn das Land sein kann, das einen trägt.

Im Osten dagegen finden sich Hügel und Seenplatten – nicht umsonst heißt eine Gegend dort Holsteinische Schweiz –, Steilküsten und Steinstrände. Ehemalige End- und Seitenmoränen bestimmen das Aussehen der Landschaft. Der lehmige Boden, auf dem im Frühsommer Raps bis zum Horizont gelb blüht, drückt Jahr für Jahr Gesteinsbrocken an die Oberfläche: kleine Feldsteine, die in mühsamer Handarbeit in den späten Wintermonaten von den Äckern gesammelt werden müssen, damit die Pflüge und Eggen keinen Schaden nehmen. An den Feldrändern werden sie zu Haufen aufgeschüttet, und nicht wenige, die ihren Garten neu anlegen, bezahlen viel Geld für eine Ladung davon. Aber auch die sogenannten Findlinge, die übermannshoch sein können, arbeiten sich nach oben. Manche von ihnen sind als örtliche Attraktion zu besichtigen, andere bekommen eine Inschrift und dienen als Denkmal, und wieder andere bilden die Grundlage für die übliche, immer gleiche Legende: Ein Riese (interessanterweise ist es in manchen Geschichten auch ausdrücklich eine Riesin) warf in seiner Wut mit einem Stein, und wo der landete, liegt er noch heute. Eine andere Version erzählt, dass es der Teufel selbst war, der den Stein warf, um eine Kirche zu zerstören. Immer warf er zu kurz. Mehrere große Findlinge, die vor der Küste Angelns, Schwansens und der Landschaft Dänischer Wohld, die zwischen Eckernförder Bucht und Kieler Förde liegt, aus dem Wasser ragen, tragen den Namen Teufelstein. Viele der Kirchen sind wiederum aus genau solchen Feldsteinen erbaut und stehen wie kleine Burgen immer auf der höchsten Stelle eines Dorfes. Der Weiße Stein vom Windebyer Noor hingegen, einer vom Meer getrennten ehemaligen Bucht, die jetzt einen großen See bildet und nur noch unterirdisch mit der Ostsee verbunden ist, heißt so, weil er von Seevögeln gern als Rast- oder Aussichtsplatz benutzt wird. Der Stein stammt ursprünglich aus dem schwedischen Värmland, und eigentlich ist er auch nicht weiß, sondern rötlich, aber das lässt sich unter den generationenalten Schichten von Kormorankot nicht mehr erkennen.

Und nicht wenige der riesigen Steine sind zu kleinen Häuschen aufgeschichtet und geben Zeugnis von einer Zeit, in der ohne Maschinen Gräber für die Toten mit so viel Mühe gestaltet wurden, dass sie buchstäblich für die Ewigkeit geschaffen sind. Die steinzeitlichen Gräber Schleswig-Holsteins gehören zu den ältesten erhaltenen Bauwerken Europas.

Das Wasser, das im Östlichen Hügelland aus den Leitungen kommt, ist hart und ausgesprochen wohlschmeckend. Es wird aus tief in der Erde liegenden Wasserdepots hochgepumpt, in denen es, durch Erdschichten gereinigt, seit den Eiszeiten lagert.

Man geht also im weitaus größten Teil Schleswig-Holsteins auf klein gemahlenem skandinavischen Festland. Entweder durch Gletscher zusammengeschoben, platt gewalzt oder abgeschliffen, durch Abflüsse zerfräst und von Toteisvorkommen zerlöchert. Oder hochgehoben durch das Salz, das tief unten im Boden lagert und die darüberliegenden Schichten nach oben drückt.

Eines der ersten Dinge, die man daher tun sollte, wenn man Schleswig-Holstein verstehen möchte, ist, sich mit der Bodenbeschaffenheit zu beschäftigen. Denn wenn man die Wirtschaft, die Politik, die Mentalität, die Landwirtschaft, den Städtebau und die Animositäten untereinander begreifen möchte, kommt man um die Geologie des Landes kaum herum, die in all diesen Belangen stets genauso kräftig mitbestimmt hat wie das Wetter.

Es ist jener skandinavische Schutt, der es mir mitunter schwer macht, bei einem Spaziergang an den schmalen

Stränden unter den Steilküstenabschnitten zwischen Lübecker Bucht und Flensburger Förde entlang der Ostsee, so hübsch, dramatisch oder beeindruckend sie sich auch präsentieren mag, den Blick nicht auf den Boden geheftet zu halten. Wonach ich in der Hauptsache Ausschau halte, sind Butterstullen. Ob man das im Norden überall so nennt, bezweifle ich. In meiner Familie, deren einer Teil brandenburgische Wurzeln hat, weiß allerdings jeder, was gemeint ist: flache, glatte Steine, die man »flitschen« lassen kann. Die Technik ist nicht ganz einfach, und je nach Wellengang gelingt das Hüpfenlassen der Steinscheiben über die Wasseroberfläche mal besser, mal schlechter. In vielen Fällen versinkt der Stein einfach mit einem satten Plopp, statt in flachen Bögen Richtung Horizont mehrmals auf dem Wasser aufzutitschen. Der derzeitige Weltrekord liegt übrigens bei 88 Sprüngen.

Aber nicht nur Butterstullen sind Steine, für die das Bücken sich lohnt. Donnerkeile, Hühnergötter, Feuersteine, Kreide – sie alle liegen herum und sind in ihrer Art besonders und faszinierend. Feuersteine, auch Flintsteine genannt, können aus einem Stück Stahl Funken schlagen und wurden früher in Flinten verwendet. Donnerkeile sind versteinerte Teile von Urzeitlebewesen. Hühnergötter – Steine mit einem durchgehenden Loch – gibt es so zahlreich, dass die kleine Kindergartengruppe meines Sohnes einmal nur zwei Stunden brauchte, um über 70 Stück zu finden. Dazu all die kleinen und großen Brocken in Rosa und Blaugrau, gebändert, geädert, gesprenkelt, mit Einschlüssen und Versteinerungen, scharfkantig wie Messer oder glatt geschliffen wie Handschmeichler, manche mit Gesichtern oder in Herzform. Unmöglich, an einem Strand der schleswig-holsteinischen Ostseeküste zu spazieren, ohne dass einem hinterher die Hosen rutschen, weil die Taschen voller Steine sind. Man kann seine Blumenbeete damit dekorieren, ein Glas mit ihnen füllen und auf den Schreibtisch stellen, auf dem Fensterbrett ein maritimes Staubfängerarrangement legen oder Papier mit ihnen beschweren. Aber sie müssen auch gar nicht nützlich sein, um die menschliche Sammelleidenschaft auszulösen.

Ich jedenfalls hege eine heimliche Verachtung für Sandstrände. Die dürfen alle, die hier Urlaub machen, gern haben, ich schenke sie ihnen. Mögen sie zwischen Dünen, in Strandkörben, in selbst errichteten Sandfestungen mit Muschelmosaik glücklich werden. Aber lasst mich allein an meinen Steinstränden, am Fuß der Steilküstenabschnitte, in deren Lehm und Ton die Steine stecken, die seit Jahrmillionen in der Erde liegen, durch Bewegung und Erosion erst sichtbar gemacht, dann herausgeschoben und geboren werden, auf dem Strand liegen und warten, bis das Meer kommt und sie holt, überspült, mitnimmt, irgendwo wieder ausspuckt. Ich stehe oft am Wassersaum und werfe halb fertige Hühnergötter weit ins Meer hinaus, damit es seine Arbeit beendet und in ein paar Tausend Jahren den Stein wieder auf den Strand legt, mit einem perfekten Tunnel darin, sodass man ein Band hindurchziehen und ihn in den Hühnerstall hängen kann, um böse Geister abzuwehren.

Auch in den Städten und Städtchen im Land kann es sich lohnen, den Blick auf den Boden zu lenken. Viele Kopfsteinpflaster bestehen aus den skandinavischen Mitbringseln der Eiszeit und ergeben ein buntes Mosaik.

Was tut man aber, wenn man kein gutes Verhältnis zu Steinen hat und in Schleswig-Holstein lebt? Wie wäre es stattdessen mit Sand? Mit Schlick? Lehm? Torf? Alles nicht so das, was einen vom Hocker reißt? Ich fürchte, da bleibt nur, sich einen anderen Lebensmittelpunkt zu suchen.

Denn endlose, düster raunende Wälder hat das Bundesland nicht zu bieten. Lilafarbene Heideflächen, Apfelplantagen, die im Frühjahr ihre zarten rosa Blüten wie einen geheimnisvollen Schleier tragen, Flussniederungen mit verwunschenen Uferbänken, über denen die Trauerweiden herabhängen – das alles muss man schon gezielt suchen. Aber Knicks gibt es, und zwar jede Menge. Diese langen Streifen buschiger Vegetation zwischen den Feldern und Weiden mit im vorgeschriebenen Abstand aufragenden Bäumen, die den seltsamen Namen »Überhälter« tragen, sind zugleich Biotop und Erosionsschutz und prägen das Bild so eindrücklich, dass man von »norddeutscher Knicklandschaft« spricht. Auch Wäldchen und Flüsschen und Seechen findet man, darunter kreisrunde Toteisseen ohne Zu- oder Abfluss von geheimnisvoller Tiefe. Moore und Binnendünen. Es gibt Buchenhaine, manche von ihnen schaffen es, auf einem kleinen Abschnitt der Steilküste zu stehen und ein gutes Fotomotiv abzugeben, auch wenn sie in keiner Weise mit denen in Mecklenburg mithalten können. Auf einigen Feldern stehen Eichen. Einzelgängereichen, die ihre knorrigen Äste in den Himmel strecken, sodass sie im Winter vor dem fahlen Himmel in der scheinbar immerwährenden Dämmerung wie riesige Hände von Zombies aussehen, die aus dem Grab wachsen. Im Sommer, belaubt und von der Sonne in Szene gesetzt, wirken diese Bäume wie der holzgewordene Kinderklettertraum.

An den Dorfrändern findet man gelegentlich Doppeleichen: zwei am Stamm zusammengewachsene Bäume, gepflanzt im 19. Jahrhundert in Erinnerung an den Vertrag von Ripen aus dem Jahre 1460, in dem festgeschrieben wurde, dass die Landesteile Schleswig – nördlich des Flusses Eider gelegen – und Holstein – südlich der Eider – »auf ewig ungeteilt« sein sollten. (In der letzten Strophe des literarisch eher wenig hochwertigen *Schleswig-Holstein-Liedes* heißt es sogar: »Teures Land, du Doppeleiche, / unter einer Krone Dach, / stehe fest und nimmer weiche, / wie der Feind auch dräuen mag!«)

Befindet man sich im Westen, gibt es nicht nur deutlich weniger Bäume – von Wäldern gar nicht zu sprechen –, sie wachsen auch alle auffallend schief. Das liegt natürlich am steten Wind, der häufig aus der immer gleichen Richtung kommt: aus Westen. Diese Bäume haben die schöne Bezeichnung »Windflüchter«, und besonders hübsch ist es, wenn man durch eine Allee fährt oder geht. Aus Mangel an anderen optischen Anhaltspunkten kann es durchaus zu einer kurzfristigen Verwirrung darüber kommen, wer denn nun eigentlich schief ist – der Mensch oder die Bäume. Aber inzwischen findet sich fast immer in Sichtweite mindestens ein Windrad, das mit seiner senkrechten und unverrückbaren Haltung alle geometrischen Fragen klärt.

Melancholisch-düster wirken die Moore, von denen es immerhin einige gibt. Kein Wunder, hier ist es, übers Jahr gesehen, schließlich ziemlich nass, und wo lange genug das Wasser steht, ohne abzufließen, bilden sich Hochmoore. Im Dosenmoor bei Neumünster kann man auf Bohlenwegen laufen und nach dem fleischfressenden Sonnentau Ausschau halten. Aber in den meisten noch erhaltenen

Mooren erinnern eckige Gruben an die lange Geschichte des Torfstechens. Schwer zu glauben, aber als die ersten Menschen hier sesshaft wurden, muss ganz Schleswig-Holstein bewaldet gewesen sein. Die Bäume wurden spätestens im Mittelalter abgeholzt, um Weide- und Ackerflächen zu schaffen. Die Winter jedoch blieben kalt, windig und feucht, und wenn man es auch ohne Brennholz warm haben wollte, verheizte man eben Torf. Das Torfstechen hat eine so lange Geschichte in Schleswig-Holstein, dass eine bekannte regionale Band sich den Namen Torfrock gegeben hat, um ihre Herkunft zu kennzeichnen. Selbst in ihren Songs kommt gelegentlich der Torf vor: »Rut mit'm Torf, hau rin un hol rut.« Inzwischen sind die Torfvorkommen geschützt, auf jeder Packung Pflanzerde, die im Baumarkt zu kaufen ist, steht groß drauf, sie sei torffrei.

Die Landschaft Schleswig-Holsteins mit ihren kleinen, unzusammenhängenden Restwäldchen und ihren Bohlenwegen über Moore, die mit Mühe erhalten und renaturiert werden, erzählt deutlicher sichtbar als anderswo die Geschichte der Ausbeutung der Natur durch den Menschen.

Schleswig-Holstein ist, geologisch betrachtet, ein junges Land. Und im Westen, in der Marsch, ist es so jung, dass es eigentlich noch gar nicht erwachsen ist. Ob es das jemals werden kann, ist ebenfalls fraglich, denn es liegt kaum höher als der derzeitige Meeresspiegel. Steht man auf einer der Flächen, die zwischen zwei Deichen liegen und »Koog« genannt werden, befindet man sich auf Land, das nicht freiwillig entstanden ist. Es ist herbeigerufen und festgehalten worden. Diejenigen, die hier leben, haben seit Jahrhunderten Möglichkeiten gefunden, die Vorgänge der Natur zu nutzen, um Land zu gewinnen. Die Techniken sind alt, bewährt und kaum verändert, sie lenken, was die Natur ohnehin tut. Eine Win-win-Situation, wenn man davon ausgeht, dass es für die Natur vorteilhaft ist, nicht routinemäßig ausgebremst zu werden.

Und so kommt es auch hier zu dieser seltsamen Gleichzeitigkeit Schleswig-Holsteins, von der schon die Rede war: Alles an der Westküste, von Niebüll bis Brunsbüttel, wirkt uralt. Die Bewohner in ihrer behäbigen Art und bedächtigen Sprache, die Häuser, die selbst dort, wo sie modern sind, schon nach kurzer Zeit – von Wind und Regen bearbeitet – Used-Look tragen. Die Fischerboote, Hafenanlagen, die Straßen am Fuß der Deiche, all das verwitterte Holz der Bänke, der Treppen und Handläufe, der Zäune; all die algenbewehrten Bojen und Fischernetze, die ächzenden Autofähren und eingesalzenen Kassiererhäuschen – nichts bleibt lange glänzend und frisch. Der Wind ist der Wind, seit Urzeiten, und die See ist die See. Wir können uns auf den Kopf stellen, sie folgt ihren eigenen Gesetzen, man muss sich ihr fügen, und so bleibt das Bewährte zugleich immer auch das Praktischste. Der Fortschritt zeigt sich höchstens im Detail. Und hier, wo die Zeit stillzustehen scheint, steht man dann unter Umständen auf einem Untergrund, der jünger ist als jedes andere Festland auf diesem Planeten. Der das Werk von Menschen ist. Hier, wo alles sich den Kräften und Rhythmen der Natur beugen muss, ist die Natur, so weit das Auge reicht, von uns überhaupt erst erschaffen worden. Auf die mühsame, altbewährte Art, mit Geduld und Spucke und ganz viel *trial and error.*

Der Vorgang der Landgewinnung am Wattenmeer ist im Übrigen in seinen Grundzügen so einfach zu begreifen, dass ich ihn schon in der dritten Klasse als Unterrichtseinheit gelehrt bekam. Sehr gut erinnere ich mich an einen Test im Fach Sachkunde, der aus einem Bild bestand, dessen Einzelteile ich korrekt beschriften musste. Ich schrieb alle Begriffe hin, und weil ich ein Gedächtnis für schöne Wörter habe, fallen sie mir stets ein, wenn ich über den Damm auf die Insel Nordstrand fahre und rechts und links die jungen Felder sehe, jung im buchstäblichen Sinn. Und wenn keiner zuhört, sage ich die Wörter laut und lausche auf ihren Klang: Buhnen, Lahnungen, Faschinen, Queller.

Im Grunde läuft es so: Das Meer zieht sich bei Ebbe zurück, der Meeresboden liegt frei. Mit der Flut bringt das Wasser Sedimente, feine Partikel, die nach unten sinken. Nun muss man dafür sorgen, dass die Ablagerungen da bleiben, wohin sie sich gelegt haben, und nicht vom ablaufenden Wasser wieder mitgenommen werden. Zu diesem Zweck baut man längs zum Ufer Bremsen ein, die Lahnungen, die aus Pflöcken bestehen, zwischen die man Reisigbündel gestopft hat. Die Bündel, Faschinen genannt, halten die Sedimente fest. Außerdem beruhigen diese Anlagen die Wellen und verschaffen den kleinen Erdpartikeln mehr Zeit, um zu sinken. Nach und nach – so etwas dauert ungefähr 10 bis 20 Jahre – baut sich zwischen den Lahnungen eine Bodenschicht auf. Irgendwann wird sie kaum noch überspült, die Meeresbodenhöhe ist erreicht. Legt man jetzt Gräben an, wird das Land entwässert. Fortan heißt dieses Gebiet Vorland, denn es liegt ja vor dem Deich.

Und nun kommt der Teil, der mich immer am meisten fasziniert. Eine einzige Pflanzenart gibt es an der Nordsee, die auf einem derartigen Boden wachsen kann: den Queller. Der Boden ist noch immer voller Salz, wie man sich denken kann, außerdem ist eben doch mal die eine oder andere Flut etwas höher und überspült das neue Vorland. Der Queller aber kommt damit klar. Vermutlich hat jedes Kind, das in der Grundschule einen Ausflug an die Nordsee machen musste, ein Stückchen Queller probiert, um festzustellen, dass er tatsächlich salzig schmeckt. Während also der Queller den Boden befestigt, sodass das Meer ihn nicht mehr einfach davontragen kann, sorgt der gute alte norddeutsche Regen dafür, dass nach und nach das Salz weggewaschen wird.

Ob die Westküstenbewohner den Queller für seine Eigenschaften lieben? Man wird es vielleicht nie erfahren, denn sie sind üblicherweise wenig enthusiastisch in ihren Äußerungen. Aber ich vermute es. Und wenn man es schon nicht Liebe nennen will, dann einigen wir uns darauf, dass sie sich ihm verbunden fühlen. Auch sie wachsen und gedeihen auf angehobenem Meeresboden, auch sie sind letztlich Pionierpflanzen in Menschengestalt.

Ist das Salz aus dem Boden verschwunden, merkt man es daran, dass andere Pflanzen sich ansiedeln. Es heißt, man sehe es am Weißklee. Wächst er, dann wird es Zeit, das neue Land einzudeichen. Eine Weide, die immer wieder überspült wird, ist nicht das Richtige für Rinder, und ein Acker, der regelmäßig nachgesalzen wird, bringt keinen Ertrag. Der neue Deich hält das Meer endgültig draußen. Der alte Deich bleibt stehen und wird zum Binnendeich (nach dem plattdeutschen Wort *binnen* für »innen«). Das nagelneue Land zwischen den beiden Deichen, dem Binnen- und dem Außendeich, ist dann ein Koog. Er bekommt einen schönen eigenen Namen. Einige sind nach

Adligen benannt, die ihren eigenen Wohnsitz meistens in einem der schicken Herrenhäuser im Osten zwischen den Hügeln hatten. Vielleicht auch nach weiblichen Verwandten oder Ehefrauen, denn wenn sie schon weder Macht noch Besitz erbten, konnte man ihnen wenigstens eine Freude machen, indem man einen baumlosen Acker zwischen zwei Deichen nach ihnen benannte. Die meisten Köge tragen natürlich Namen von Ortschaften oder Flurbezeichnungen (gerne auch Altkoog, Oster- und Westerkoog). Einige heißen wie wichtige Persönlichkeiten des öffentlichen Lebens. Der Adolf-Hitler-, der Hermann-Göring- und auch der Horst-Wessel-Koog wurden inzwischen umbenannt.

Auch wenn der Boden skandinavisch ist, die Fauna ist es nicht. Wo wenig Bäume wachsen, braucht man nicht auf Elche oder Bären zu hoffen. Die Tiere, die man in Schleswig-Holstein zu sehen bekommt, sind in großer Überzahl Nutztiere. Ansonsten gibt es die üblichen Eichhörnchen, Baummarder und Maulwürfe. Seehunde und Kegelrobben liegen träge auf Sandbänken, mit viel Glück erspäht man einen Schweinswal.

Aber Vögel gibt es. So viele, dass sie ein eigenes Kapitel wert wären. Knutts verdunkeln im Frühjahr den Himmel über den Nordfriesischen Inseln mit ihren Schwärmen, Singschwäne tröten wie verstimmte Blasorchester, während sie in Reihen über die Felder fliegen. Im Herbst ziehen die pfeilförmigen Formationen der Wildgänse nach Süden und lösen beim Betrachten eine erdschwere Sehnsucht aus. Denn wir müssen – ortstreue Standvögel, die wir nun mal von Natur aus sind – im Winter hierbleiben, und das ist weiß Gott keine leichte Sache in diesen

Breitengraden, für kein Lebewesen, auch keines, das einen dänischen Bollerofen und einen hübsch abgelagerten Holzvorrat besitzt. Störche ziehen im Frühling hier ihre Kinder groß. Und während ich früher immer dachte, Vogelbeobachtung sei nur etwas für exzentrische amerikanische Autoren, die Katzen hassen, haben mich die spektakulären Balzflüge der Kiebitze auf dem Feld vor unserem Haus eines Besseren belehrt. Die Nachfahren der Schwalbe, die Hans Christian Andersen einst an seinem Fenster in Kopenhagen von Däumelinchens Schicksal erzählte, nisten in unserem Carport und bringen über dem Autodach ihren Kindern das Fliegen bei, bevor sie sich im Herbst auf den unfassbar langen Weg nach Afrika machen. Die Kormorane, die ihr teilweise Wasser aufnehmendes Gefieder trocknen lassen müssen, indem sie mit ausgebreiteten Flügeln in Sonne und Wind sitzen, sind ein unheimlicher, düsterer Anblick. Und wer danach fragt, wovor man sich in Schleswig-Holstein in Acht nehmen muss, dem ist zu raten, auf den Uferpromenaden sein Fischbrötchen richtig festzuhalten, wenn Möwen in der Nähe sind (und das sind sie immer). Es gibt Berichte über Möwen, die statt Backfisch auch gern kleine Hunde erbeuten, aber ich weiß nicht, ob sie wirklich stimmen.

Die Katzenhaie in der Ostsee sind hingegen ungefährlich. Mit den Feuerquallen ist natürlich nicht zu spaßen. Aber meine Antwort, wenn die Kinder früher vor etwas Angst hatten, war stets: gibt es hier nicht. In Schleswig-Holstein gibt es keine Erdbeben. Keine Vulkanausbrüche und Tsunamis. Keine giftigen Spinnen, wilden Löwen, angriffslustigen Vielfraße. Offenbar hausen in kleineren Biotopen einige Exemplare von Kreuzottern, aber damit konnten meine Kinder leben. Schleswig-Holstein ist – so herrscht in unserer Familie Einigkeit – der harmloseste Ort der Welt. Es sei denn, man wohnt auf einer Hallig, aber das ist eine andere Geschichte.

Sollte sich jemand jetzt die Frage stellen, warum ich mich so lang und wortreich mit der Geologie und den Landschaften in Schleswig-Holstein aufhalte, so stelle ich gern ganz offen meine These zur Debatte, dass die Menschen überall gleich sind und das, was wir Mentalität nennen, in allerersten Linie eine Reaktion auf die Umwelt ist, in der man lebt. Will man die Leute hier im Norden verstehen, muss man auf die Bedingungen schauen, denen sie ausgesetzt sind – und zwar alle, seit Generationen, von Geburt an. »Jo, ik weer in jungen Johren an de Waterkant boorn./Ne steife Brise von vorn gifft mi jümmer koole Ohren«, heißt es in dem Song *Nordisch by Nature* der Band Fettes Brot – ein Leben ohne kalte Ohren ist hier leider nicht zu haben.

Wie soll man nicht wortkarg werden, wenn der Wind einem die langen Sätze aus dem Mund reißt und unverständlich macht? Wie soll man fröhliche, mediterrane Geselligkeit praktizieren, wenn die frühe Dunkelheit und das unwirtliche Wetter alle Lebewesen nach drinnen treiben? Wie soll man Weltoffenheit erlernen, wenn die Winter eine derartige Steilvorlage für Depressionen bieten, dass niemand, der nicht von Anfang an daran gewöhnt ist, lange bleiben möchte? Wie soll man nicht einen resignierten Humor entwickeln, wenn in jedem Frühjahr die Felder erneut von Gesteinsbrocken übersät sind, die seit Jahrmillionen im Boden liegen und einen daran erinnern, dass die Menschheit nichts weiter ist als eine winzige Episode in der Geschichte der Erde? Und wie soll man nicht seine Heimat ganz besonders lieben, demütig und ohne den Anspruch, dass andere es nachvollziehen können, wenn der Himmel darüber so unglaublich weit ist, die Steine am Strand Geschichten erzählen oder der Boden, den man bewirtschaftet, ein Geschenk des Meeres ist? Und man schon als Kind zerkleinerte Reste von Skandinavien über das Wasser hat flitschen lassen?

Moin und gut ist
Über Sprache, Namen und so

Jan Christophersen

Jetzt sollte vielleicht einmal geklärt werden, wie man sich hier grüßt. Das ist, obgleich es nicht allzu kompliziert klingt, keine ganz einfache Sache. Zumindest kann man geteilter Meinung darüber sein, was korrekt ist. Einfach ausgedrückt: Mit einem schlichten »Moin« macht man in Schleswig-Holstein nichts verkehrt. Je weiter im Norden des Landes man sich aufhält, desto angebrachter ist dieser Gruß, je nördlicher, desto eher den ganzen Tag über. Zum Thema »Moin Moin« gibt es dagegen eine gespaltene Haltung. Für manch einen kommt so ein gedoppelter Gruß überhaupt nicht infrage. Viel zu aufdringlich, irgendwie künstlich norddeutsch. Bei einer nicht repräsentativen Umfrage im weiteren Bekanntenkreis kam erstaunlich oft die Rückmeldung, dass doch wohl nur übereifrige Touristen so grüßen. Ich selbst habe ein entspanntes Verhältnis zum Doppel-Moin. Mir wurde in der Jugend beigebracht, dass ein einfaches Moin der Standard sei und die Dopplung bei Leuten zum Einsatz komme, die man kenne. Auf einem Spaziergang würde man demnach zu Unbekannten Moin sagen, zu den Nachbarn dagegen ein herzliches Moin Moin. Kann man machen, muss man aber nicht.

Jedenfalls ist es in ländlicheren Gegenden durchaus üblich, jeden Menschen, dem man begegnet, ausnahmslos zu grüßen. Das ist einfach so, niemand denkt sich viel dabei. Das Moin dient in diesem Fall vornehmlich der gegenseitigen Vergewisserung, dass man sich wahrgenommen hat, und unter Umständen zeigt es auch, dass man beruhigt aneinander vorbeigehen kann. Wer mit Moin grüßt, führt erst einmal eher nichts im Schilde. Sobald es städtisch wird, lässt das Gegrüße nach. Weil ich es so gewohnt bin, grüße ich gern alle und überall. Die etwas erstaunteren Blicke der Städter, die üblicherweise unbemerkt durch die Straßen kommen, finde ich durchaus unterhaltsam. Die einfache Faustregel beim Grüßen lautet: Moin und gut ist – was so viel heißt wie: Moin, und mehr braucht man nicht.

Komplizierter wird es bei der Frage, woher das Wort eigentlich stammt und was es bedeutet. Der Duden gibt eine eindeutige Antwort: »Moin« (klein- oder großgeschrieben) stamme von dem friesischen *mōi* bzw. vom mittelniederdeutschen *moi(e)* ab und bedeute »schön, angenehm, gut«. Klingt freundlich, nett irgendwie – jemandem etwas Gutes zu wünschen, einfach so, grundlos –, doch kann man berechtigte Zweifel an der Erklärung des Dudens haben. Überhaupt hat sich die Dudenredaktion sehr lange Zeit gelassen, das norddeutsche Moin aufzunehmen. »Grüß Gott« oder »Grüezi« waren längst verzeichnet, bevor Moin es im Jahr 2006 in den Duden schaffte. (Meine Vermutung: Anderswo gab es fleißigere

Sprachlobbyisten, und im Norden hat man es als nicht so dringlich empfunden, die eigene Begrüßungsformel in einem Sprachlexikon unterzubringen. Aber wie gesagt: Ist nur eine Vermutung ...) Wenn es nämlich mit der friesischen Herkunft stimmen sollte, müsste dann dieser Gruß nicht schon viel älter sein?

Erste schriftliche Zeugnisse im norddeutschen Raum stammen erst aus den 20er-Jahren des letzten Jahrhunderts. Da war Friesisch längst keine Sprache mehr, die hier noch groß gesprochen wurde. Und nur weil *mōi* so ähnlich klingt, muss es noch lange nichts mit dem späteren Gruß zu tun haben. Wahrscheinlicher ist doch die Herleitung vom Wort »Morgen«. Moin wäre so die norddeutsch-mundfaule Kurzform des Morgengrußes. Auch in anderen Regionen wird das Wort genutzt, in Luxemburg zum Beispiel, in der Schweiz, und es gibt eine Theorie, nach der Berliner Bauarbeiter, unter denen Moin lange Zeit verbreitet war, Anfang des letzten Jahrhunderts für die Einfuhr des Wortes nach Schleswig-Holstein verantwortlich seien. Wie auch immer es tatsächlich gewesen sein mag, wichtig ist, dass Moin eine ganz und gar naheliegende Bedeutung und Funktion hat, die keiner umständlichen Herleitung bedarf: Es bedeutet und wird genutzt wie Hallo. Nicht mehr, aber auch nicht weniger.

Nachdem das so weit geklärt ist, können wir wohl einen Blick auf andere norddeutsche Spracheigen- und -besonderheiten werfen. Auffällig sind, gerade für Zugereiste, natürlich die Ortsnamen, die mitunter auf Wesensarten und Interessen der Namensgeber hinzuweisen scheinen. Manche etwa unterstreichen die Sehnsucht nach entfernten Weltgegenden: Brasilien, England, Kamerun, Süden,

Westen, Russland, Welt. Weitere erzählen, könnte man meinen, von ganz anders gelagerten Bedürfnissen: Poppholz, Busenwurth, Pobüll, Geil. Alles in Wirklichkeit ganz harmlos. Ein Name wie Geil etwa leitet sich von dem dänischen Wort *gyvel* für »Ginster« ab.

Auch die den Norddeutschen gern nachgesagte Melancholie lässt sich an manchen Ortsbezeichnungen ablesen: Groß Kummerfeld, Hohn, Quaal, Grundlos, Luschendorf, Ekel, Oha. Dem Leben zugetan geht es allerdings auch: Hoffnung, Paradies, Sorgenfrei, Zufriedenheit, Glückstadt, Witzwort. Und es gibt die Klassiker unter den Ortsnamen: Schnarup-Thumby, Wobbenbüll, Aebtissinwisch, Engelbrechtsche Wildnis, Rotzbüll, Büchsenschinken, Hellschen-Heringsand-Unterschaar, Fockbek. Viele dieser Namen lassen schon an ihren Endungen den dänischen Ursprung erahnen: -büll, -by, oder den friesischen: -um, -stedt. Ins Hochdeutsche übertragen haben manche Namen einen zunächst gewöhnungsbedürftigen Klang, verlieren diesen aber, sobald die Herleitung deutlich wird. Gammelby hat nichts mit verdorbenen Lebensmitteln zu tun, sondern leitet sich von den dänischen Wörtern *gammel* = »alt« und *by* = »Ort« ab, also »alter Ort«. Scheggerott meint schlicht »die Rodung des Skeddi«, wobei Skeddi ein dänischer Rufname für »der Bärtige« ist. Die Häufung der immer gleichen Endungen macht das Dichten mit Ortsnamen hier jedenfalls zu einem Kinderspiel: Rieseby, Krieseby, Sieseby – alles Orte, die obendrein direkt nebeneinanderliegen.

Der dänische und friesische Spracheinfluss ist auch bei den norddeutschen Nachnamen bis heute deutlich zu erkennen. Noch immer wimmelt es hier von Familien wie Hansen oder Jürgensen, Thomsen oder Jensen (neben den

Meiers, Schmidts, Möllers, den Urbschats, Kowalskis oder Yilmaz', die es natürlich auch gibt). Man nennt diese Art der Namensbildung patronymisch, also »vom Vater abgeleitet«. Bei der Entstehung zeigte ein solcher Name an, wie der Vater hieß. In Dänemark hängte man dafür -sen an, in Schweden -son. Carstensen bedeutet schlicht »Sohn des Carsten«. Ganz einfach eigentlich. Aus eigener Erfahrung allerdings weiß ich, dass Menschen, die nicht aus Schleswig-Holstein stammen, Schwierigkeiten mit dieser Art von Namen haben. Als hießen alle Leute hier ununterscheidbar gleich, sodass man sich nicht merken kann, was Vor- und was Nachname ist. Da gerät schnell mal etwas durcheinander.

Was ist im Laufe der Jahre nicht schon alles aus meinem im Grunde einfachen Namen gemacht worden: Christopher Jansen, Jan Christiansen, Christoph Janson, Jan Christensen etc. Und ich erinnere mich an den Besuch einer Freundin, die für ihre Rückreise nach Berlin im Internet eine Mitfahrgelegenheit suchte. Tatsächlich meldete sich jemand, der ihr aber aufgrund des Namens äußerst suspekt, wenn nicht gar gefährlich vorkam: Peter Petersen. Unmöglich, fand sie, so heißt doch niemand! Doch, so heißen hier gar nicht wenige. Hans Hansen, Andreas Andresen, Henning Hennigsen, das gibt es durchaus. Solche Namen zeigen ziemlich klar an, woher jemand kommt.

Und manchmal sogar etwas mehr. In Dörte Hansens Roman *Mittagsstunde* gibt es einen Abschnitt, in dem sich zwei Menschen, die ursprünglich von der Westküste stammen und in der großen weiten Welt aufeinandertreffen – hier ist damit Kiel gemeint –, allein anhand ihrer Namen sofort soziologisch präzise einzuordnen wissen. Ingwer Feddersen trifft auf Sünje Gregersen. »Ein Name wie ein Schlüsselloch.« Ingwer sieht sofort die Schülerin mit Monatskarte vor sich, die »bei norddeutschem Schrägregen« frühmorgens an der Bushaltestelle ihre Kapuze festhält, damit der Wind sie nicht herunterzerren kann, irgendwo »in einem kleinen Dorf mit -büll am Ende«. Und auch sie erkennt in ihm ohne Umschweife »eins der Kapuzenkinder«, jemanden, »der im Kartoffelroder gesessen hatte«. Die Namen verraten beiden mehr voneinander, als sie je selbst von sich erzählt hätten. (Man darf wohl davon ausgehen, dass Dörte Hansen hier eigene Erfahrungen verarbeitet.)

Ganz nebenbei beschreibt diese Szene noch eine weitere Eigenart, die den Norddeutschen gern nachgesagt wird, nämlich das knappe Kommunikationsverhalten. Zugeklappt wie Austern seien sie, so heißt es, unnahbar, kurz angebunden und immer penibel darauf bedacht, bloß keine unnötigen Worte zu verschwenden. Ein Vorurteil natürlich, das etwa in der Werbung gern genutzt wird. In einem legendären Bierwerbespot aus den 90ern scheitert ein braun gebrannter, weltgewandter Surfer an genau dieser Wortkargheit. Mit seinem schicken Cabrio hält er direkt hinterm Deich an einer Hollywoodschaukel, auf der drei sehr norddeutsch wirkende Männer sitzen. Er macht es eigentlich ganz wunderbar. »Moin Kollegen, wo finde ich denn hier eine nette kleine Bucht zum Surfen?« Nichts, nur ein Lächeln zur hübschen Beifahrerin. »Jo, können Se mi vertellen, wo dat hier 'ne bannig fein' Bucht zum Surfen givvt?« Wieder nichts. Der Surfer probiert es schließlich sogar auf Dänisch: »Wo er her en dejlig bugt to surf?« Keine Antwort. Die Männer betrachten ihn lediglich aufmerksam und halten sich dabei an ihren Bierflaschen fest. Resigniert gibt der Surfer auf und verschwindet, und kaum ist er weg, bestätigt einer auf der Hollywoodschaukel: »Mann, der hatte ja 'n dolles Auto.« Der Zweite: »Und 'ne Menge Sprachen konnte der auch.« Der Letzte schließlich sagt: »Aber genützt hat's ihm nix.« Ploppend werden die Bierflaschen geöffnet.

So ist das hier, könnte man jetzt meinen. Die berühmt-berüchtigten norddeutschen Kommunikationsverweigerer, die obendrein ihren Spaß daran haben, Fremde auflaufen zu lassen. Aber ich weiß ja nicht … Natürlich mag es stimmen, dass, verglichen mit anderen Regionen, die Menschen hier tendenziell eher nicht die größten Quasselstrippen sind, aber es muss doch etwas differenziert werden. Eine gewisse Reserviertheit ist sicher verbreitet, eine Neigung, erst einmal abzuwarten und zu sehen, mit wem man es zu tun hat. Es wird hier eher nicht sofort mit jedem fröhlich drauflosgeplaudert, sondern zunächst die Lage sondiert. Etwa so: »Moin.« – »Moin auch.« – »Schönes Wetter heute, was?« – »Kann man sagen.« – »Soll später sogar richtig Sonne geben.« – »Ach was?« Dann aber, nachdem die erste Hürde genommen ist, wird auch hier geredet, ganz bestimmt, sogar viel und gern. Es dauert vielleicht nur einen Ticken länger als anderswo.

Und da ist dann kein plattdeutsches Gemurmel zu erwarten, das nur die Eingeweihten verstehen. Da braucht man eigentlich keine Sorge zu haben. Auf ein etwas breiteres, leicht eingefärbtes Hochdeutsch wird man hier viel eher treffen. Man denke an die Werner-Comics, die nicht nur im Norden bekannt geworden sind. »Eckhard, meine Frau is nich da. Ich glaub, es is so weit. Kannst ma runner innen Keller gucken – ich glaub, die Russen sind da …« Der Klang der Aussprache hellt sich dabei, wenn man sich vom Westen des Landes in den Osten bewegt, immer weiter auf. Der Hauptcharakter des Comics hieße auf den Inseln und in Nordfriesland wahrscheinlich noch »Wönö«, in Kiel dann schließlich »Wänä«. Einzelne niederdeutsche Wendungen und Wörter verirren sich selbstverständlich in das Sprechen der Ortsansässigen, aber was für Nicht-Schleswig-Holsteiner wie Plattdeutsch klingt, ist in den meisten Fällen vermutlich eher vergleichbar mit dem fernsehtauglichen Heidi-Kabel-Platt aus dem Ohnsorg-Theater: »Nee, wat isses schön hier in unsern Gastkrog!«

Auf eines der Originale zu treffen, die noch, koste es, was es wolle, mit jedem auf tiefstem Platt losschnacken, ist heutzutage schon ein Glücksfall. »Dat se in Leven nich vun hier sünd, heff ik glieks merkt. In Gummistevel in't Watt rümlopen, so dösbaddelig mutt een erstma sien.« Mit allergrößter Wahrscheinlichkeit wird so was nicht passieren. Das Plattdeutsche, einst die Sprache der stolzen Hanse und somit im gesamten baltischen Raum und darüber hinaus verbreitet, ist seit Langem auf dem Rückzug. Zunächst war es noch im Handel und auf den Märkten bestimmend, sprach man es in den Kirchen, den Amtsstuben, praktisch überall, doch dann wurde es über die Jahrhunderte mehr und mehr vom Hochdeutschen verdrängt. Es verlor darüber hinaus an Ansehen und galt als Hinderungsgrund, »gutes« Hochdeutsch zu erlernen. In meiner Schulzeit erkundigten sich Lehrkräfte standardmäßig bei den Kindern, wie zu Hause denn gesprochen werde. War es Platt, erklärte das einiges.

Mittlerweile wird das Erlernen von Plattdeutsch aber als sprachfördernd begriffen. In vielen Kindergärten und Schulen gibt es Unterricht und Vorlesestunden *op Platt*, sodass die Sprache zumindest vom Hören her bewahrt wird.

Viele verstehen ein wenig oder etwas mehr Plattdeutsch, aber echte Sprecher muss man in den jüngeren Generationen doch suchen. Eine Folge davon ist, dass die Regionalsprache zur Sprache der Älteren wird. Es ist das Schicksal so vieler Mundarten und Dialekte. Wer wird wohl noch Platt schnacken, wenn es die Älteren einmal nicht mehr gibt?

Wenig hilfreich scheint in diesem Zusammenhang die Verniedlichung des Plattdeutschen, die so gern betrieben wird. Auf Platt gesagt klingt ja alles dermaßen nett und lustig, als könnte nichts Böses oder Ernstes in dieser Sprache ausgedrückt werden. Zu Beginn der Coronakrise etwa wurde öffentlich nach einem plattdeutschen Synonym für den Mund-Nasen-Schutz gesucht. Vorschläge sollten eingesandt werden. Und welches Wort hat gewonnen? *Snutenpulli*. Das ist zwar irgendwie witzig – Schnute heißt umgangssprachlich Mund, und den Pulli kennt wahrscheinlich jeder als Kurzform des Pullovers –, aber kein Äquivalent für das medizinisch korrekte Wort. Damit hat man nur einen putzigen Begriff, den die »echten« Plattsprecher nie im Ernst verwenden würden.

So verhält es sich mit gar nicht wenigen Wörtern aus dem Plattdeutschen. Ist es zum Beispiel eine gute Idee, einen Kindergarten *De lütten Schietbüddels* zu nennen? Das heißt übersetzt ungefähr »Die kleinen Hosenscheißer«. Der Name setzt Ironie voraus, und der Eindruck könnte entstehen, dass die Benutzung des Plattdeutschen nur noch in solchen Zusammenhängen angebracht ist, was doch schade wäre. Kein Wunder also, dass die offiziellen Bewahrer und »echten« Platt-Sprecher nicht unbedingt angetan sind von dieser Form des Sprachgebrauchs.

Dem Nordfriesischen an der Westküste ergeht und erging es über die Jahrhunderte letztlich noch schlechter.

Einst eine lebendige Sprache, die sich von Insel zu Insel, von Landesteil zu Landesteil stark unterschied, gibt es mittlerweile nur noch wenige Menschen, die sie beherrschen. Es ist die Rede davon, dass nur noch etwa 8000 aktive Friesischsprecher existieren, die einen der insgesamt 13 Dialekte sprechen, aber das ist schon länger nicht mehr wissenschaftlich untersucht worden. Die Sprachbewahrer bemühen sich natürlich redlich und mit viel Einsatz um den Erhalt, aber im Alltag trifft man nur noch selten auf das Friesische. Einen einzigen rein friesischen Radiosender gibt es allerdings, den *Friis Funk,* der von Alkersum auf Föhr aus sein Programm sendet. Und auf den Ortsschildern im Westen des Landes begegnen einem unter den hochdeutschen Namen auch deren nordfriesische Pendants. Niebüll etwa heißt Naibel, Bredstedt (in dem das Nordfriisk Instituut die Sprachforschung und den -erhalt fördert) heißt Bräist und Wyk auf Föhr mit der größten Sprechergemeinde Wik üüb Feer.

Friesisch ist eine so spezielle, eigenständige Sprache, dass sie sich ohne Vorkenntnisse wirklich nur schwer entschlüsseln lässt. Ein Beispiel gefällig? In Fering, also dem Föhrer Dialekt: *Daaling as en neten dai* – das bedeutet übersetzt »Heute ist ein schöner Tag«. Wie beim Plattdeutschen hilft es, Englisch oder Dänisch zu verstehen und vom Klang her zu denken. Manche Worte lassen sich dann erschließen. Wenn man bedenkt, wie klein die einzelnen Gebiete sind, in denen sich jeweils eigenständige friesische Dialekte entwickelt haben, lässt sich bereits etwas von dem Selbstbewusstsein und der legendären Sturheit der Nordfriesen erahnen, die sich in deren wohl berühmtestem Wahlspruch spiegelt: *Lewer duad üs Slav* – »Lieber tot als Sklave«.

Natürlich gäbe es noch Weiteres über die Sprachen im Norden zu erzählen. Etwa über das Dänische der Grenzregion, das die dänische Minderheit spricht … Oder das Sønderjysk auf der dänischen Seite der Grenze, das dort vor allem von der deutschen Minderheit gesprochen wird … Aber fürs Erste soll es genug sein. Hier geht es nicht zuletzt darum, sprachliche Entwarnung zu geben. Keine Angst und keine Sorge: Die Norddeutschen sind im Prinzip gut zu verstehen. Sie sind am Anfang vielleicht etwas zurückhaltend, können aber sehr schnell auftauen und gesprächig werden. Wir erwähnten ja bereits den »Sabbel«, den manche hier nicht halten können. Und ein freundliches Moin zur Begrüßung wird niemals schaden.

Dor kümmt een Schipp ut Holland

Bräuche, Feste und Folklore

Mareike Krügel

An einem Sonntag im Frühsommer flechte ich weiße Schleifen an die Enden meiner Zöpfe. Ich binde mir meine Schürze über dem Trachtenrock zu, und zwar seitlich. Schleife hinten bedeutet: verheiratet. Seitlich: noch zu haben. Zusammen mit meinen Freundinnen, die in den gleichen Farben gekleidet sind wie ich, fahre ich zur großen Festwiese. Dort stehen schon all die anderen. Manche Männer tragen Kniebundhosen, manche Frauen zeigen reich bestickte Mieder oder haben fein gewebte Seidentücher um die Schultern gelegt. Als die Musik zu spielen beginnt, finden sich alle zu Paaren zusammen, stellen sich auf – und dann tanzen sie. In genau festgelegten Choreografien bewegen sie sich aufeinander zu und voneinander weg, haken sich unter und drehen sich im Kreis, fassen sich an den Händen oder wechseln die Partner. Synchronschwimmen ohne Wasser. »Volkstanz« heißt diese Übung. Die Röcke rascheln, und wenn ich vorübergehend einen neuen Tanzpartner am Arm habe, nicke ich ihm freundlich zu, von Gleich zu Gleich, obwohl ich noch ein Kind bin. Wer angesichts von Männern, die in aller Ernsthaftigkeit Zipfelmützen tragen, nicht in hysterisches Kichern ausbricht, gehört einfach dazu, egal ob alt oder jung. Überall in Norddeutschland und im südlichen Dänemark kennt man diese Tänze, erkennt das Vorspiel, weiß, wann man sich drehen, die Plätze wechseln, den Partner unterhaken muss. Und ich wusste es auch und gehörte dazu, damals in den 80ern des 20. Jahrhunderts.

Mit 14 hörte die Magie bei mir plötzlich auf. Aus etwas, das verbindend wirkte, wurde in meinen Augen auf einmal Folklorequatsch. Ein bisschen peinlich, ziemlich konservativ und ohne jede Entwicklungsmöglichkeit. Ein Auf-der-Stelle-Treten und Wiederholen des ewig Gleichen. Die Gruppenleiterin war enttäuscht, aber nicht überrascht. Wer hier versucht, Traditionen zu bewahren, die im Alltag keinen Mehrwert haben, scheitert spätestens an der Pubertät des Nachwuchses. Plattdeutsch-Arbeitsgemeinschaften finden Zulauf aus den Grundschulklassen, in weiterführenden Schulen werden sie kaum noch angeboten. Spitzenklöppeln ist eine Beschäftigung für ältere Frauen, die zwar der uneingeschränkten Bewunderung ihrer Kunst sicher sein können, deren Ergebnisse aber niemand mehr so recht gebrauchen kann.

Während also vieles hier oben, das Tradition hat, künstlich bewahrt und über das Desinteresse des Nachwuchses hinweggerettet werden muss, damit es nicht für immer in den Tiefen des Vergessens verschwindet, gibt es doch Bräuche und Gepflogenheiten, die auch ohne großes Nachhelfen in der heutigen Zeit bestehen. Zugegeben, manches davon ist etwas schrullig. Aber es stiftet das obligatorische Wirgefühl, und das ist es wohl, was zählt. Ob mit oder ohne Kniebundhosen.

Fangen wir ganz vorne im Jahr an, mit dem Biikebrennen. Dann kann ich mir meinen ganz persönlichen Lieblingsbrauch, das Rummelpottlaufen, bis zum Schluss aufsparen.

Da das Biikebrennen am 21. Februar stattfindet, am Vorabend des sogenannten Petritages, sollte man annehmen, dass der Schnaps, der Teepunsch, der Glühwein, die dabei getrunken werden, der Gesundheit dienen. Um diese Zeit im Jahr ist es kalt, nass und windig an der Westküste, wo der Brauch beheimatet ist und auch heute noch zu den wichtigen Ereignissen des Jahres zählt. Eine Biike ist ein großer Haufen aus Holzresten, ausgedienten Weihnachtsbäumen und Baumschnitt, der nach einigen Reden – wenn möglich mindestens eine davon im jeweils ortsüblichen Friesisch – und Gesang feierlich entzündet wird. Ursprünglich wird es ein Frühlingsbrauch gewesen sein, ein Austreiben des Winters, ähnlich den Osterfeuern im Rest des Landes. An manchen Orten wird noch immer als Symbol für die bösen Mächte der kalten Jahreszeit eine Figur aus Stroh mit verbrannt oder ein Fass auf die Biike gestellt, dessen Umkippen während des Abbrennens den Frühling einläutet. In den vergangenen Jahrhunderten, in denen der Walfang in der Wirtschaft der Westküstengesellschaft eine Rolle spielte, verabschiedeten die nächtlich brennenden Biiken an Küsten und Stränden die Männer, die traditionell am Petritag auf Tour fuhren und viele Wochen unterwegs waren.

Im 20. Jahrhundert war der Brauch vor allem eine Gelegenheit für die Dörfer und Gemeinden, nach den langen, dunklen Wintermonaten zusammenzukommen und Gemeinschaft zu feiern. Das darf man auch ganz wörtlich verstehen. Wenn man in einer dunklen Februarnacht, in der man fleißig gegen die Kälte angetrunken hatte, noch sicherstellen musste, dass die jüngeren Damen oder Herren den Weg nach Hause fanden, konnte man im Sommer mit der einen oder anderen Hochzeitsfeier rechnen. Ein Kinderfest war es wohl auch, denn es war Aufgabe der Kinder und Jugendlichen, die Biike zusammenzutragen und zu bewachen.

In Zeiten, in denen es keine besondere Aufmerksamkeit für Umweltfragen gab, bestand so eine Biike gern einmal unter anderem aus ausgedienten Möbeln, Fahrrädern und all dem alten Zeug, das man im Winter in der Abseite gefunden hatte und entsorgen wollte. Getrocknete Weihnachtsbäume und anderes gut brennbares Material waren daher wichtig, damit die Biike funktionstüchtig war, und während die Kinder an den Haustüren klingelten, um über Tage und Wochen Futter für ihre Gemeinde-Biike zusammenzutragen, war es durchaus üblich, das gute Brennmaterial aus anderen Gemeinden einfach zu stehlen. Angeblich kam es in dieser Sache zwischen den Dorfjugenden durchaus zu Handgreiflichkeiten, und da ich es als Ostküstenkind selbst nie erlebt habe, stelle ich mir das Ganze wie in einem Roman von Erich Kästner vor. Einige Kinder aus Schobüll versuchen vorne, die Kinder aus Hattstedt abzulenken, während hinten eine zweite Schobüller Delegation heimlich alte Weihnachtsbäume abtransportiert. Ob es so war?

In den letzten Jahrzehnten wurde das Biikebrennen dann zu einer Touristenattraktion, mit allen Vor- und Nachteilen, die so etwas mit sich bringt. An manchen

Orten hat es Volksfestcharakter bekommen, mit Glühweinbuden und Musik aus der Anlage. Aber für die Menschen an der Westküste ist diese Tradition nach wie vor so wichtig und gemeinschaftsstiftend, dass sie ins Verzeichnis des immateriellen Kulturerbes in Deutschland aufgenommen wurde.

Weiter geht es mit Ostern, das, wenn man die christlichen Aspekte nonchalant beiseitelässt, ebenfalls ein Frühlingsfest ist und den Winter endgültig vertreibt. Ein Osterfeuer funktioniert im Grunde genauso wie eine Biike, und wer in den Norden zieht und Teil einer Dorfgemeinschaft werden möchte, der bindet sich einen warmen Schal um und taucht gefälligst am Vorabend des Ostersonntags beim Osterfeuer auf, um dort entweder auf Bierbänken oder im Stehen zu frieren und dem windgepeitschten Feuer zuzusehen. Zur großen Freude der Kinder wird das brennende Altholz immer wieder mit einem Bagger zusammengeschoben, sodass die Funken stieben. Die freiwillige Feuerwehr grillt Würstchen im Akkord, und die Vegetarier unter den Gästen essen aus Mangel an Alternativen den anderen das Toastbrot von den Papptellern.

Aber die freiwillige Feuerwehr ist nicht nur für die Würstchen zuständig, sie muss auch das Feuer unter Kontrolle halten. Denn groß können diese Feuer werden und bei ordentlichem Wind auch nicht ganz ungefährlich. In dem Dorf, in dem ich mit meiner Familie vor einigen Jahren lebte, musste das Osterfeuer einmal komplett ausfallen, weil am Tag zuvor eine Scheune abgebrannt war. Nicht nur waren die Mitglieder der freiwilligen Feuerwehr übermüdet und konnten das Osterfeuer nicht anständig bewachen, auch war der Löschteich weitgehend leer gepumpt. Der Holz- und Weihnachtsbaumhaufen, der für die Osternacht aufgeschichtet worden war, lag noch viele Wochen nutzlos herum und verschwand irgendwann sang- und klanglos von der Wiese.

An Ostern selbst wird im Norden wie überall in Deutschland ein Eierfest gefeiert. Der übliche Hase ist zuständig für das Verstecken der Eier. Auf Amrum und Föhr gibt es dabei den Brauch des Eierrollens oder Eierwerfens. Man muss sich das wie eine Art Boccia mit hart gekochten Eiern vorstellen, bei der das Ziel ist, die Schalen der gegnerischen Eier zu beschädigen und die Beute anschließend aufzuessen.

Das nächste Fest, auf dem man sich unbedingt sehen lassen muss, wenn man dazugehören möchte, ist das Maibaumaufstellen. Der Ablauf lässt sich leicht erraten, wenn man das Kapitel bis hierher aufmerksam gelesen hat: Der Maibaum wird aufgestellt – das soll eigentlich eine feierliche Angelegenheit sein, dauert aber immer ewig, weil die Stange schief steht oder wackelt und jemand rennen und Holzkeile besorgen muss. Dann gibt es eine Rede, vielleicht spielt das evangelische Bläserensemble oder die Jagdhorntruppe, wer eine Volkstanzgruppe auftun konnte, hat sogar etwas fürs Auge zu bieten. Und danach – ja, danach grillen die Mitglieder der freiwilligen Feuerwehr Würste, es gibt Bier und Softdrinks und unbequeme Bänke zum Sitzen, und zu späterer Stunde auch Schnaps, mit dem man anstößt, bis man die kalten Füße nicht mehr spürt.

Ein Maibaum ist üblicherweise ein langer, dünner, sehr gerade gewachsener Baumstamm, den man komplett geschält hat, sodass er einer Stange gleicht. Oben wird nach

Art eines Reifrocks ein Ring befestigt, der mit Tannengrün und Bändern verziert ist und aussieht wie der Grabschmuck eines sehr geizigen Hinterbliebenen. An manchen Orten hängen die bunten Bänder bis zur Erde und können von der bestellten Volkstanzgruppe durch eine hüpfende Tanzformation verflochten werden. Der Maibaum wird zur Walpurgisnacht aufgestellt, am 1. Mai ist Feiertag, da kann man ruhig lange draußen sitzen, und er steht meist einen ganzen Monat lang an zentraler Stelle im Ort.

Wenn man allerdings in der ersten Nacht nicht aufpasst, kann es sein, dass er bereits am Morgen nicht mehr da ist. Dann wurde der Maibaum von den Schergen einer Nachbargemeinde entführt und muss ausgelöst werden, üblicherweise mit mehreren Kisten Bier. Oder er wird in der Tätergemeinde neben dem örtlichen Maibaum aufgestellt als Zeichen des Sieges und der Listigkeit der Einwohner. Was nach einem putzigen regionalen Jugendstreich klingt, ist harte Arbeit und braucht gute Organisation. So ein 10 bis 15 Meter hoher Baum, der in der Erde fixiert wurde, ist nicht mal eben im Vorübergehen geklaut und weggetragen. Und wenn man es geschafft hat, ihn zu entführen, ist man auf den Humor der Opfergemeinde angewiesen. Mir persönlich ist nur eine einzige Erzählung einer geglückten Maibaumentführung bekannt, und die endete damit, dass alle furchtbar wütend aufeinander waren.

So skandinavisch es sich in Schleswig-Holstein oft anfühlt, einen anständigen Mittsommerbrauch hat man hier nicht zustande gebracht. Dabei sind die Nächte im Juni und Juli so hell und die Tage so lang, die Natur explodiert förmlich vor Grün, und alles blüht und duftet, so schnell und intensiv es geht, damit der kurze Sommer voll ausgenutzt wird, bevor es im Herbst wieder grau, nass und kalt wird. Es gäbe also Anlass, den Sommer mit Schwung, Tanz, guter Laune – und viel Alkohol – zu feiern. Aber ein simpler Sommer ist für die Menschen in Schleswig-Holstein nicht Grund genug. Zwar haben alle Feste im Jahreslauf im Kern mit der sich wandelnden Natur und den Jahreszeiten oder Lichtverhältnissen zu tun, aber nie würde ein Schleswig-Holsteiner sich hinstellen und das Aquavitglas einfach nur auf das Grünzeug heben, das so üppig sprießt.

So ist der Sommer die Zeit der Schützenfeste, Kindergilden, des Ringreitens und der absurden Jubiläumsfeiern. Er ist außerdem die Zeit für allerhand Themen-Festivitäten – Rumregatta, Wikinger- oder Piratentage –, die sich in der Anlage alle gleichen und im Grunde kleine Jahrmärkte sind, die Feriengäste anlocken oder schlicht für Abwechslung sorgen sollen. Der Brarup-Markt, der größte Jahrmarkt Norddeutschlands, ist auch nur deshalb der größte, weil er relativ konkurrenzlos ist.

Die Norddeutschen sind nicht bekannt fürs Feiern und Krachenlassen, so viel kann ich nach über 40 Lebensjahren mit Überzeugung sagen. Und stellt sich jetzt jemand hin und protestiert, zählt Beispiele auf und brüstet sich mit all dem Gefeiere, das er oder sie über die Jahre in Schleswig-Holstein zusammengekratzt hat, entgegne ich lediglich, dass diese Person sich doch bitte mal für einige Zeit in einem anderen Bundesland aufhalten sollte, um den direkten Vergleich anzustellen. Allein die Tatsache, dass man hier im Norden so gänzlich unkatholisch geprägt ist, sorgt für einen eklatanten Feiertagsmangel, ein

Misstrauen gegen Rituale und eine protestantisch-strenge Verehrung der Arbeit.

Die Festivitäten, die für die Einheimischen während des Sommers wirklich interessant sind, haben allesamt einen Arbeitsbezug. Der mittelalterliche Heider Marktfrieden mit Freilufttheater und öffentlicher Bauernhochzeit, die vielen kleinen und großen Land- und Viehmärkte – sie alle sind letztlich, historisch gesehen, Handelsereignisse, und genau genommen sind sie es noch heute, auch wenn man inzwischen den größten Umsatz nicht mit Küken und Kälbern macht, sondern mit gebrannten Mandeln.

Zu Erntedank liegen zwar Kürbisse und Zucchini auf den Altären der alten Dorfkirchen, aber mehr als einen Kindergottesdienst holen die Nordlichter nicht aus dieser Sache heraus. Dafür feiern sie den Kohl in Dithmarschen und die Heringe an der Schlei – man kann nicht behaupten, dass hier niemand dankbar wäre für die Geschenke, die Land und Meer machen. Aber die Kirchen waren eben nicht zuerst da. Der Kohl ist nun mal älter als das Christentum, und das Fischen beherrschte man schon in der Steinzeit.

Selbst das Laternelaufen im Herbst wird nur mit Mühe an St. Martin angehäkelt. Es ist bereits im Oktober frühzeitig dunkel genug, um mit Laternen durch die Straßen zu ziehen, ohne die Bettgehzeit nach hinten verschieben zu müssen. Auch wenn die Kindergärten in ihren Laternenumzugsplanungen immer den 11. November anpeilen, so ist er den meisten doch herzlich egal, und die Lieder, die beim Laternelaufen gesungen werden, handeln nicht unbedingt vom Teilen und Helfen: »Ollsch mit de Lücht kann't Bett nich finnen,/fallt mit de Nees in't Kellerlock rin …«

Schon ist der Winter da, und im Norden verkriecht man sich. Wer jetzt kein Haus hat, baut sich keines mehr, wer jetzt allein ist, wird es lange bleiben. Es ist schwer für diejenigen, die gerade zugezogen sind, Geflüchtete und frisch Verwitwete, wenn der Winter in Schleswig-Holstein kommt. Draußen ist es unwirtlich, für mehrere Monate muss man mit einer Art Dauerdämmerung rechnen, mit Regen von der Seite und den unangenehmen feuchtkalten Temperaturen kurz über dem Gefrierpunkt, wenn die Zehen in den Schuhen taub werden, ohne dass gleichzeitig die Seen romantisch zufrieren. Von allem das Schlimmste, sozusagen.

Jedenfalls wenn man nicht den Blick für das Schöne hat, für die stundenlangen rotgelben Sonnenuntergänge am Nachmittag, die fahle Wintersonnenscheibe hinter der Wolkendecke, die Vereinigung von Meer und Himmel, wenn die Horizontlinie für das menschliche Auge ausgelöscht ist. Und für die Gemütlichkeit, die durch die Fenster der Häuser nach draußen strahlt, wenn das Leben sich weitgehend nach innen verlagert hat. Es gibt keinen Wintersport, immerhin wird jedoch in einigen Gemeinden der Westküste winters mit Leidenschaft geboßelt, ein Spiel, bei dem man eine Kugel mit möglichst wenigen Würfen über eine längere Strecke voranbringen muss. Statt Après-Ski-Party gibt es hinterher Grünkohl oder Rübenmus.

Typisch für diese Jahreszeit ist ansonsten exzessives Plätzchenbacken und Um-den-Kamin-Gesitze. Es ist die Zeit der Geister und Fabelwesen, die über unbeleuchtete Höfe schleichen und in dunklen Ecken hocken. Das Austauschen oder Verlosen von Geschenken, deren Geber anonym bleiben, heißt denn hier im Norden auch ganz dänisch »Julklapp« und nicht »Wichteln« wie in anderen

Regionen. Wichtel sind nicht für die Geschenke zuständig, sie helfen auch nicht dem Weihnachtsmann, wie die skandinavischen Kinderbücher suggerieren. Die Wesen mit diesem Namen, deren Existenz im Winter in Norddeutschland durchaus plausibel erscheint, sind weder süß noch freigebig. Das friedliche Nebeneinander mit ihnen hat in jedem Fall einen Preis. Die Hauswichtel der Westküste und der Inseln heißen »Puken« und gehen mit den menschlichen Bewohnern einen Deal ein. Sie beschützen Haus und Hof, dafür bekommen sie einen ruhigen Rückzugsort und täglich eine Schüssel Hafer- oder sonstige Getreidegrütze.

Der Autor Boy Lornsen hat ein Kinderbuch über Puken geschrieben, darin sitzt Nis Puk auf dem Kranbalken seiner Scheune und singt:

Puken, Puken, Puken,
Sitzen vor den Luken,
Bewahren Haus und Scheuer
Vor Sturmwind, Blitz und Feuer.
Tragen Rock und Mütze,
Essen Gerstengrütze,
Grütze mit viel Butter –
Sag das deiner Mutter.

Die Butter ist wichtig. Ist der Mensch zu geizig, speziell in dieser Hinsicht, wird so ein Puk nicht nur das Aufpassen sein lassen, sodass der Fuchs die Hühner holen kann, sondern auch strafende Streiche ersinnen, die – wenn man den alten Geschichten glaubt – für die Bewohner und die Tiere des Hofes lebensgefährlich sein können. So ein Puk, niedlich, wie er aussieht, kann zu einem kleinen Rachemonster werden, wenn man ihm den Respekt, der sich offenbar durch die Buttermenge in der Grütze ausdrückt, verweigert.

Richtig Ärger machen kann auch Ekke Nekkepenn, der Meermann, der laut einer Sage eine ordentliche Wut speziell auf die Leute von Sylt hat. In der Geschichte *Die Regentrude* von Theodor Storm erscheint er als Feuerkobold, und überhaupt ist er offenbar mit Rumpelstilzchen verwandt, denn er verrät seine Geheimnisse laut und in Versform, wenn er sich unbeobachtet glaubt. Als Kind hatte ich ein Kaninchen namens Ekke Nekkepenn und hielt das für einen zwar etwas exzentrischen, aber durchaus salonfähigen Namen. So kann es gehen, wenn man im Dunstkreis der Friesen aufwächst, die Momme, Enna oder Takke heißen. Wie auch immer, die Geister des Meeres und der Häuser müssen entweder mit buttriger Grütze besänftigt oder mit Ausdauer und List in Schach gehalten werden. Oft hilft auch Lärm zur richtigen Zeit, zum Beispiel an Tagen, an denen die Welten der Sterblichen und der Geister füreinander durchlässig werden.

In einigen Regionen ist Rummelpottlaufen während der gesamten Vorweihnachtszeit üblich. In den grenznahen Gegenden ist es ein Silvesterbrauch. Zwischen Heiligabend und dem letzten Tag des Jahres liegen die Raunächte, in denen die Geister ihr Unwesen treiben, und am Silvesterabend wird es Zeit, sie in ihre Schranken zu weisen. Überall in Deutschland geschieht das um Mitternacht mit Feuerwerk und Knallerei. In Schleswig-Holstein fängt man mit dem Geistervertreiben schon früher am Abend an.

Tatsächlich ist Rummelpottlaufen die beste Art, den längsten Abend des Jahres rumzubringen, besonders wenn man ungeduldige Kinder hat. Irgendwann, wenn es dunkel ist – und das ist in dieser Jahreszeit schon am Nachmittag der Fall –, verkleiden sich alle Kinder und auch alle Erwachsenen, die sie begleiten wollen. Da es üblicherweise nass, kalt und windig ist, bieten sich Kostüme an, die man über einem Anorak tragen kann. Meine kunstfertige Schwägerin hat inzwischen einen ganzen Fundus an Verkleidungen, die sich einfach überstreifen lassen und trotzdem spektakulär aussehen. In einem Jahr ging ich als Zahnpastatube, in einem anderen als Weihnachtsbaum, einmal als Karotte. Wenn ich an Silvester keinen Zugriff auf die Kunstwerke meiner Schwägerin habe, tun es aber auch eine alte Perücke und ein Brillengestell.

Als Nächstes sucht man sich Instrumente, die Lärm machen – das ist der Teil, der mit der Geistervertreibung zu tun hat –, greift sich einen großen leeren Beutel und zieht los. In manchen Straßen sieht es am frühen Silvesterabend in Norddeutschland exakt so aus wie in den Hollywoodfilmen an Halloween. Kleine Gruppen verkleideter Kinder ziehen von Haustür zu Haustür und klingeln überall dort, wo Licht brennt oder eine Kerze rausgestellt wurde. Aber das protestantische Schleswig-Holstein wäre nicht, was es ist, wenn die Kinder für ihre Süßigkeiten nicht mehr tun müssten, als nur zu klingeln und einen Streich anzudrohen. Es muss gearbeitet werden, das ist klar. In diesem Fall wird gesungen zur Freude der Hausbewohner, und der Lärm, den die Instrumente machen, vertreibt nebenher die bösen Geister, sodass die Süßigkeiten, die man anschließend reichlich in die Beutel gesteckt bekommt, einer Bezahlung gleichkommen. Exorzismus auf schleswig-holsteinische Art.

Dem Halloweenbrauch, der auch hierzulande immer üblicher wird, stehen viele Eltern daher skeptisch gegenüber, weil sie befürchten, das gleiche Ritual zweimal im Jahr könnte zu einer Ermüdung der Anwohner führen. Aber das kann ich mir kaum vorstellen. In den eher einsamen Winterzeiten ist es nun tatsächlich eine hübsche Abwechslung, wenn vor der Tür kleine Spidermen, Rotkäppchen oder Dinosaurier stehen und, mehr brüllend als singend, plattdeutsche Nonsenslieder schmettern:

Fruu, mook de Döör op,
de Rummelpott will rin.
Dor kümmt een Schipp ut Holland,
dat het keen gode Wind.
Klock tein wüllt wi reisen,
Stüermann wüllt wi preisen.
Sett de Segel op de Top
und giff mi watt inne Rummelpott.

Das Lied ist insofern irreführend, als man zu keinem Zeitpunkt jemandem etwas in den Rummelpott stecken sollte. Der Rummelpott ist ein Instrument zum Lärmen, ein Gefäß, das mit einer getrockneten Schweinsblase bezogen ist, in der ein Stock steckt. Reibt man am Stock, erzeugt das ein brummendes, rumpelndes Geräusch. Es ist die beste Art, böse Geister zu vertreiben, weil sie nicht nur schlimm klingt, sondern auch riecht. (Ich habe mit der Volkstanzgruppe, in dem energischen Versuch, alte Traditionen in Kiels Vorstädten wiederzubeleben, einen Rummelpott basteln müssen. Ich weiß also, wovon ich spreche.)

Das Schöne am Rummelpottlaufen ist, dass es für die ganze Familie gedacht ist. Während die Kinder Geld und Süßigkeiten einstreichen – und Mandarinen, Äpfel und

Orangen zum Auffüllen –, bekommen die Erwachsenen einen Schnaps. An jeder Haustür. Neben dem Korb mit den Süßigkeiten für die Kinder stehen auch immer kleine Gläser und Flaschen mit alkoholischen Getränken bereit. Fast immer ist es die Sorte Flasche, die irgendwann angebrochen und deren Inhalt für ungenießbar erklärt wurde. So kann man sich durch die Seltsamkeiten aus den Spirituosenvorräten der Nachbarschaft probieren. Später am Abend klingeln und singen dann die Jugendlichen, die schon gar keine Süßigkeiten mehr haben wollen, sondern nur noch den Alkohol. Meistens haben sie ihre eigenen Gläser mitgebracht, die Experten tragen sie an einem Band um den Hals. So kann man sich kostenlos an Silvester besaufen, nur singen muss man. Sonst gibt es nichts.

Auf einer Rummelpotttour mit Freunden in einem Dorf in Angeln bot uns eine Frau an der Tür auch selbst geschmierte Schmalzbrote an. Das ist eine gute Idee, wenn man viel Schnaps trinkt, da hatte jemand wirklich mitgedacht. Leider mag ich keine Schmalzbrote. Auch die Kinder lehnten mit Grausen ab, die anderen Erwachsenen gaben vor, keinen Appetit zu haben. Nur meine Freundin aus Berlin nahm zur großen Freude der Spenderin mit strahlendem Lächeln ein Schmalzbrot. Als wir außer Sichtweite waren, sagte ich verwundert: »Du magst Schmalz? Das wusste ich gar nicht.«

»Tu ich auch nicht«, sagte sie und warf das Brot über die nächste Gartenhecke. »Aber die arme Frau hatte die Dinger extra geschmiert.«

Meine Freundin, deren Vorfahren aus der Gegend von Lübeck stammen, hatte etwas verstanden, das zu durchschauen ich noch einige Jahre länger brauchte. Denn hinter all den Festen, Traditionen und Bräuchen, die man als

Feriengast bewundern kann, gibt es noch eine unsichtbare Welt, die man nicht ignorieren darf, wenn man die norddeutschen Einheimischen verstehen möchte. Sie besteht aus angebotenen und angenommenen Schmalzbroten, aus Karten, Besuchen, Gegeneinladungen, Geldscheinen in Umschlägen und Torten. Besonders die Frauen – die Hüterinnen der Geheimnisse gesellschaftlicher Codes – geraten gelegentlich schwer in Stress, wenn sie alles richtig machen wollen.

Neben allem anderen ist Schleswig-Holstein nach wie vor ein Bundesland, dessen Struktur hauptsächlich ländlich und landwirtschaftlich geprägt ist. Die alten Regeln, nach denen sich Gemeinschaften organisiert haben, gelten weiterhin, auch wenn sie inzwischen zu Gesten geworden sind, die ihren Zweck kaum noch erfüllen. In Zeiten ohne Rentenversicherung, ohne Technisches Hilfswerk, Hartz IV oder Seniorenheim musste die private Absicherung über ein Netzwerk aus Verlässlichkeit und gegenseitigen Gefallen erfolgen. Da konnte eine Sahnetorte sehr wohl eine deutliche Botschaft senden. Die Firma Coppenrath & Wiese, die bekannt ist für ihre perfekt verzierten Tiefkühltorten, muss einen Großteil ihres Umsatzes in Schleswig-Holstein machen. Wer bei einem Kaffeekränzchen keine spektakuläre Torte auf den Tisch bringt, muss sich nicht wundern, wenn am Ende niemand zur eigenen Beerdigung kommt. Und wer bei der Konfirmation des Nachbarkindes vergisst, einen Geldschein in die Glückwunschkarte zu legen, darf nicht damit rechnen, dass man ihm Eimer tragen hilft, wenn der Keller vollgelaufen ist.

In manchen Gegenden, so wurde mir gesagt, ist das Regelwerk aus Gefallen und Gegengefallen so kompliziert, dass keiner mehr durchblickt und daher zur Sicherheit bei jeder sich bietenden Gelegenheit größere Geschenke mitbringt. Es lohnt sich also, Buch zu führen über die Mitbringsel der Gäste oder die Anzahl der Kondolenzkarten. Es lohnt sich auch, immer viel zu viel Essen aufzutischen und zu jeder Beerdigung zu gehen. Und wenn man zugezogen ist, dann ist der Tag, an dem die Nachbarn mit einer Girlande vor der Tür stehen, um einem zum Hochzeitstag zu gratulieren und gemeinsam die Schnapsvorräte aufzubrauchen, ein Tag, an dem man aufatmen kann. Weil man dazugehört, genau wie wenn man beim Trachtengruppentreffen die althergebrachten Schrittfolgen kennt und nicht lacht, weil irgendjemand mit vollem Ernst eine Zipfelmütze trägt.

Aus meinem Trachtenrock ist inzwischen ein Bezug für ein Sofakissen geworden. Aber wenn ich im Freilichtmuseum in Molfsee südwestlich von Kiel oder bei irgendeiner Festivität mit traditionellem Charakter jemanden in alter Tracht einen Volkstanz aufführen sehe, dann spüre ich die ewige Sehnsucht derer, die in ihrer Jugend einer Welt den Rücken gekehrt haben. Ich möchte hingehen und sagen: »Ich weiß auch noch, wie das geht.« Aber es wäre gelogen. Ich weiß es eigentlich nicht mehr.

Es folgt der Wetterbericht …

Über das Small-Talk-Thema Nummer eins, Wetterpragmatismus und gefühlte Temperaturen

Jan Christophersen

Natürlich muss übers Wetter gesprochen werden. Das versteht sich gewissermaßen von selbst. Schließlich lässt sich in einem Land wie Schleswig-Holstein nur wenig planen, ohne die Wetterlage zumindest mitbedacht zu haben. Ein Strandspaziergang ist eine feine Sache, eigentlich unter allen Umständen, aber wenn man währenddessen von einem durchziehenden Hagelschauer mit Sturmböen überrascht werden könnte, gäbe es Alternativen, die vorzuziehen wären. Mitunter kann das Wetter hier eben sehr »wechselhaft« sein, wie die Meteorologen es allzu freundlich umschreiben. Da scheint morgens vielversprechend die Sonne, hübsche Wattewölkchen ziehen über den fahlblauen Himmel, bestes Ausflugswetter, aber kaum hat man den Rucksack gepackt und sich zum Wandern in die Hüttener Berge oder an den Nord-Ostsee-Kanal aufgemacht, steht man plötzlich im ekligen Dauernieselregen, der nie zu enden scheint und einen beinahe unmerklich nach und nach von Kopf bis Fuß durchfeuchtet. So etwas kann einem den schönsten Tagesausflug ordentlich vermiesen.

Dabei gibt es natürlich Mittel und Wege, sich mit dieser Ausgangslage zu arrangieren. Vor allem kann man versuchen, an der eigenen Erwartungshaltung zu arbeiten, um Frust, Enttäuschungen oder Depressionen vorzubeugen. Es ist – so viel lässt sich sagen – selbst im Hochsommer in Schleswig-Holstein einfach nicht realistisch, von dauerhaft anhaltendem Strandwetter auszugehen, wo doch die Erfahrung zeigt, dass es hier meistens eher »wechselhaft« ist. Das schließt schöne Badestunden, womöglich auch Badetage natürlich keinesfalls aus, ganz und gar nicht. Es hat in der Vergangenheit zauberhafte Sommer gegeben, die in Bezug auf Strandtauglichkeit nichts zu wünschen übrig ließen. Blauer Himmel, eine erfrischende Brise, lauwarmes Wasser, erträglich viele Quallen, dazu Sonnenschein vom Feinsten. Ist schon passiert. Wird in der Zukunft auch wieder passieren. Sollte sich der Trend fortsetzen, demzufolge jedes Jahr im Durchschnitt trockener und wärmer ausfällt als das vorherige, ist das Bereithalten der Badesachen jedenfalls durchaus angesagt.

Eine Garantie kann allerdings nicht gegeben werden. Besser ist es, nicht allzu viel zu erwarten und sich stattdessen positiv überraschen zu lassen. So halten es die meisten Menschen in dieser Region, und sie fahren ganz gut damit. Alles ist letztlich ja eine Frage der Einstellung. Es erscheint durchaus wahrscheinlich, dass der allbekannte, nervige Spruch »Es gibt kein schlechtes Wetter, nur falsche Kleidung« in Schleswig-Holstein seinen Ursprung hat. So reden manche hier. Für mich selbst prägend waren in dieser Sache die Kommentare meiner Vorarbeiter, mit denen ich in meiner Jugend beim Ferienjob auf dem Bau zu tun hatte. Wenn ich mich bibbernd um sechs Uhr in der Früh an der Baustelle einfand und, verweichlicht, wie ich war, mit den Zähnen klapperte, sagten sie nur: »Frisch heute. Da wird man wenigstens schnell wach.« Ich verstand, was sie meinten, und bemühte mich, an meiner Einstellung zu arbeiten. Wach wurde ich durch die Kälte, die sie Frische nannten, auf jeden Fall.

Die Kunst besteht am Ende darin, sich die Laune nicht von unkalkulierbarem Wetter versauen zu lassen. Sollte es einmal schlecht sein, wird es irgendwann auch wieder besser werden, erfahrungsgemäß eher früher als später. Ein gewisser Pragmatismus ist durchaus hilfreich. Wer den Sketch von Loriot kennt, in dem ein Mann bei einem Anstandskursus Konversation mit seinen zwei Tischnachbarinnen zu führen versucht, weiß, was ich meine. Auf den von Herrn Blühmel hingeworfenen Satz: »Es ist etwas kühl für diese Jahreszeit«, antwortet eine der Damen, Frau Krakowski mit Namen: »Dafür hatten wir im Mai drei schöne Tage.« Das ist, obwohl Loriot nicht aus Schleswig-Holstein kam, ein sehr norddeutscher Wortwechsel. Wenn dann noch die zweite Dame, Frau Schuster, hinzufügt: »Man muss ja auch an die Landwirtschaft denken«, ist das Bild komplett. Genau so klingt norddeutscher Wetterpragmatismus par excellence.

Obwohl oder gerade weil die Ausgangslage durchaus herausfordernd ist, lässt sich hier niemand gern vom Wetter überraschen und gewissermaßen auf dem falschen Fuß erwischen. Die meisten wissen beim Small-Talk-Thema Nummer eins stets erstaunlich gut Bescheid. Nichts Unangenehmeres, als morgens an der Bushaltestelle beim Abliefern der Tochter auf den Satz: »Gibt nachher wohl noch richtig Sturm, was?« nicht mit eingeweihtem Schulterzucken reagieren zu können. »Ach, wirklich? Wusste ich gar nicht.« Das ist eine Aussage, die zu vermeiden ist. Widerspruch ist dagegen sehr erwünscht. »Auf meiner App sieht es eigentlich ganz gut aus.« Oder: »Das klang bei Meeno Schrader im NDR gestern Abend aber anders.« So geht das schon eher.

Und darin zeigt sich dann auch das Vertrauen in kundige Institutionen, das nicht wenige hier haben. Kaum jemand verlässt sich noch auf die Auskunft des Hahns, der vom Misthaufen herunter seine allzu vagen Vorhersagen hinausposaunt: »Kreiht de Hahn op den Mist, ändert sich dat Weder oder dat blivt as dat is.« Heutzutage hat man andere, bessere Quellen. Mein Vater zum Beispiel hat als Grenzanrainer lange Zeit auf den dänischen Wetterbericht geschworen, der viel präziser als der deutsche sei, dessen Karte bekanntlich knapp hinter Hamburg ende und Schleswig-Holstein kaum Beachtung schenke. Jetzt hat er seine Wetter-App, die mehrmals täglich zurate gezogen wird. Wie gesagt: Das Wetter ändert sich häufig. Man muss am Ball bleiben. Ein Freund vertraut als alter Segler selbstverständlich nur dem Seewetterdienst in Hamburg. Und überall hängen die Leute abends vor dem Fernseher, schauen das *Schleswig-Holstein Magazin* und lauschen eben den Prognosen von Meeno Schrader, dem Schwiegermutterliebling und norddeutschen Wetterfrosch. Der taucht dann verlässlich lächelnd zur immer gleichen Uhrzeit etwa hinter einem Strandkorb auf, marschiert in Multifunktionsjacke und bei erkennbar mäßigem Wetter auf die Kamera zu und verkündet in aller Ruhe, was war und was sein wird: »Bisschen kalt heute, hier am Grömitzer Strand, und ich habe auch leider keine allzu guten

Nachrichten für Sie, was das Wochenende anbelangt: Besser wird es erst mal nicht.«

Aber kommen wir zu den Zahlen. Ist das Schleswig-Holstein-Wetter denn nun tatsächlich so dürftig wie sein Ruf? Sollte jeder sicherheitshalber die Regenjacke stets griffbereit halten, und kann man die Tube mit der Sonnencreme gleich zu Hause lassen? Schaut man in die Statistiken, steht Schleswig-Holstein gar nicht so schlecht da. Das Klima ist alles in allem eher durchschnittlich mit einigen signifikanten Ausbrüchen, typisch maritim eben. Manchmal ist es heißer als üblich, manchmal nasser. In Sonnenstunden pro Jahr oder in der Niederschlagsmenge schert Schleswig-Holstein, verglichen mit anderen Bundesländern, nicht besonders aus. Alles eher Mittelmaß. Gerade in den letzten Jahren allerdings gab es auch hier Hitze- und Dürresommer, die einen doch besorgt stimmen können: Rekordmarken werden mittlerweile im Jahrestakt gebrochen. Der Klimawandel lässt grüßen. Die durchschnittliche Höchsttemperatur von 22 Grad ist dennoch weder sehr heiß, noch ist die Tiefsttemperatur von minus einem Grad sehr kalt. Eine generelle Aussage über das Wetter ist jedoch ohnehin schwer zu treffen, weil es in diesem gar nicht so großen Land sehr unterschiedliche Klimazonen gibt. An der Nordsee mit ihrem vom Atlantik geprägten Wetter sind die Bedingungen ganz andere als etwa in Neumünster oder Pinneberg, in Kropp oder am Plöner See, an der Ostküste in Kiel oder auf Fehmarn. Diese drittgrößte Ostseeinsel Deutschlands nennt sich im Touristikjargon selbstbewusst »Sonneninsel«, und mit knapp 1800 Sonnenstunden pro Jahr, passend zu den 20 Stränden, ist das nicht einmal übertrieben.

Doch Thermometerwerte sind nur das eine. Seit Ende der 90er-Jahre wird im Wetterbericht neben der eigentlichen Temperatur, die genau gemessen werden kann, ja auch die »gefühlte« Temperatur angegeben. Die ist etwas schwerer zu bestimmen, scheint für Schleswig-Holstein allerdings wie gemacht. Der Deutsche Wetterdienst nutzt zur Bestimmung dieses Wertes das sogenannte Klima-Michel-Modell. Dabei wird der Energieumsatz einer Standardperson, des Klima-Michels, beim Gehen mit einer konstanten Geschwindigkeit von vier Stundenkilometern in tiefem Schatten betrachtet, also beispielsweise in einem Wald. Dieser Michel ist, so wurde festgelegt, männlich – klar –, 35 Jahre alt, 1,75 Meter groß und 75 Kilogramm schwer. An ihm bemisst sich die gefühlte Temperatur, und für Schleswig-Holstein lässt sich mithilfe dieses Modells und ganz praktisch feststellen, dass es hier *gefühlt* immer etwas kühler und tendenziell nasser ist als anderswo. Darauf kann man sich verlassen.

Dieser empfundene Unterschied hat natürlich nicht zuletzt mit dem Wind zu tun, dem man zwischen den Meeren kaum entgehen kann. Er prägt die Wahrnehmung und auch rein optisch das Landschaftsbild. Windbrechende Knicks, schiefe Alleebäume, Deiche, Windkraftanlagen. Zwar ist Schleswig-Holstein der Solarenergie, die eine gewisse Menge an Sonnenlicht voraussetzt, durchaus zugetan, was überall an den Stalldächern abzulesen ist, die vollständig mit Paneelen bedeckt sind, aber die Windräder, die den Horizont senkrecht einteilen, wirken doch irgendwie passender zu den Gegebenheiten.

Weil das so ist, muss hier das Wetter eigentlich bei jeder Geschichte miterzählt werden. Ein Beispiel: Vor einigen Jahren nahmen mein damals achtjähriger Sohn und ich an einem Casting für die Verfilmung eines Jugendbuches teil, die in unserer Region geplant war. (Wer es genau wissen will: Es handelte sich um den Film *Rico, Oskar und der Diebstahlstein* nach dem gleichnamigen Buch von Andreas Steinhöfel.) Es wurden damals Statisten für die Strandszenen gesucht. Ein langhaariger Junge plus großem, blondem Vater war aus Sicht der Castingagentur natürlich klar prädestiniert, die norddeutsche Strandszenerie zu bevölkern. Wir bekamen den Job. Mein Sohn, der sich sehr fürs Filmen interessiert, war begeistert von der Aussicht, den Profis bei der Arbeit zusehen zu können, und so fanden wir uns an einem Julimontag mit einer Menge anderer Leute am Drehort ein. Es war der Strand Noer in der Eckernförder Bucht (der übrigens ganz klassisch mit ö und nicht mit o wie in Itzehoe ausgesprochen wird). Nach und nach wurden wir alle strandtypisch eingekleidet. Ich erinnere mich an quietschbunte T-Shirts und komplementärfarbene kurze Hosen, die ich im Alltag nie getragen hätte. Anschließend ging es zum eigentlichen Set am Strand, wo wir uns selbstständig verteilten und unsere Positionen einnahmen.

Mein Sohn und ich suchten uns einen Platz zwischen einigen Strandhaferbüscheln, die Schutz versprachen. Denn obwohl ansonsten alles perfekt war – Strand, Meer, Menschen jeden Alters, Handtücher, Sonnenschirme und Strandspiele –, machte das herausfordernde Schleswig-Holstein-Wetter seinem Ruf an diesem Tag alle Ehre. Es war nicht per se schlecht. Es gab durchaus Sonne, der Himmel klarte immer wieder auf; es war auch nicht wirklich kalt, aber auf eine penetrante, unangenehme Art stürmisch, sodass der feine Sand uns über Stunden hinweg mal von vorn, mal von der Seite anging. Dabei hatten wir es an unserem Strandabschnitt sogar noch gut. Etwas weiter raus in Richtung Ostsee war der FKK-Bereich, wo die Schauspieler und Statisten noch ungeschützter als wir dem Sandsturm ausgesetzt waren. (Dort hätten wir als Nudisten-Statisten sogar Geld verdienen können, aber das kam für uns irgendwie nicht infrage.)

Und es dauerte und dauerte. Immer wieder musste für die Wiederholung einer Szene gewartet werden, weil sich eine Wolke vor die Sonne geschoben hatte. Assistenten verbreiteten derweil positive Stimmung: »Ihr macht das großartig!« Wir alle froren standhaft den lieben langen Tag an unseren Plätzen. Mein Sohn schlief die meiste Zeit auf meinem Schoß, ich las in einem Buch.

Abends fühlten wir uns wie gesandstrahlt und sehnten uns nach einer warmen Dusche. Zu Hause konnten wir schließlich unseren Sonnenbrand versorgen, den wir trotz allem vom Daueraufenthalt am Strand ohne Schutz bekommen hatten. (Merke: Egal, ob die Sonne zu strahlen scheint oder nicht, am Meer ist Sonnencreme Pflicht!) Ich finde, ohne das Wetter wäre diese Geschichte nur halb so charakteristisch. Übrigens sind wir in dem fertigen Film nicht zu sehen. Wir haben uns jedenfalls nicht entdecken können.

Die norddeutschen Wetterphänomene sind vielfältig. Berühmt-berüchtigt sind natürlich die Stürme und damit verbunden die Sturmfluten. Wer das einmal erlebt hat, wird so ein Ereignis nicht wieder vergessen. Ganze Landstriche wurden dabei umgewälzt und verändert. Nicht umsonst haben es die großen Flutkatastrophen von jeher in die erzählte Geschichte des Landes geschafft. Schwere Orkane gibt es vor allem im Herbst und Winter immer wieder. Xaver, Verena, Anatol, Christian – so hießen einige besonders schwere Sturmtiefs der letzten Jahrzehnte.

Ich erinnere mich noch gut an Orkan Christian im Oktober 2013, dessen gemächliches Aufziehen wir bei einer Tasse Tee vom Wohnzimmerfenster aus beobachteten, was eigentlich ganz gemütlich war. Im Nachbargarten stand eine Rotbuche, deren dunkel leuchtendes Laub zunächst nur etwas zitterte, dann jedoch in einer einzigen Sekunde als aufbrausende Blätterwolke einfach weggepustet wurde. Christian war da. Später stürzten überall Äste und ganze Bäume auf die Straße. Mein Nachbar und ich bemühten uns, noch während es stürmte, vor unserem Haus notdürftig aufzuräumen, damit Autos durchkamen, die gar nicht fuhren. Dachziegel flogen durch die Gegend. Es war wahrlich eine ganz und gar dumme Idee von uns, draußen zu sein. Das hätte übel ausgehen können. Am nächsten Tag hörten wir von einer Bekannten, dass am Vorabend ein Baum mitten in ihr Badezimmerfenster gekracht sei. Man stelle sich vor: Während des Zähneputzens donnert eine Baumkrone hinter einem ins Spiegelbild.

Stürme führen einem, falls man es vergessen haben sollte, doch immer wieder sehr klar vor Augen, wie heftig die Natur wüten kann, wenn sie es denn möchte. Nebenbei erwähnt: Seit einiger Zeit kann man beim Institut für Meteorologie in Berlin Patenschaften für Hochs und Tiefs käuflich erwerben, wobei ein Hochdruckgebiet wegen seiner durchschnittlich längeren Lebensdauer etwas teurer ist. Für derzeit 240 Euro könnten Sie sich also den Namen eines Tiefs sichern, und mit etwas Glück oder Pech – je nach Perspektive – wird sich daraus ein ausgewachsenes Sturmtief entwickeln, sodass sich Ihr Name für die Ewigkeit in den Geschichtsbüchern niederschlägt. Nur so als Idee.

Mindestens genauso bemerkenswert wie die Stürme sind in diesem Land die Wolken. Platte Weite, darüber Himmel mit jeder Menge Wolken. Daraus lässt sich, vor allem in der flachen Geest und an den Küsten, eine mathematische Formel herleiten, die die Wirkung der Landschaft ganz gut beschreibt: 1/4 Land + 3/4 Himmel = Schleswig-Holstein. Die dramatischen Wolkenberge, die gar nicht behäbig, sondern kraftvoll am Himmel über einen hinwegziehen, sind letztlich nicht weniger faszinierend als etwa ein Blick aufs immer bewegte Meer. Auf den Bildern norddeutscher Maler dürfen der Himmel und die Wolken deshalb nie fehlen. Emil Nolde etwa fand in den für manch einen nur grauen Formationen, die über sein Nordfriesland hinwegzogen, leuchtende Farben und Strukturen, die sie beinahe zum Leben erwecken. Dreißig Abstufungen von Grau, hier und da etwas Schwarz und Blau, feuriges Rot, wo die Sonne untergeht. Auch den Nebel darf man natürlich nicht vergessen, der morgens wie eine Decke auf den Wiesen und Feldern liegt. Klimatisch sowie topografisch ähnelt Schleswig-Holstein tatsächlich Mittelengland, was erklären könnte, weshalb es viele Menschen dieser Region (die Angler) einst zusammen mit den Sachsen auf die Insel verschlagen hat. Da fühlten sie sich auch dem Wetter nach schnell zu Hause.

Der Nieselregen gehört wie selbstverständlich zum Land, Hagelschauer, Gewitter. Und last, but not least: die Sonne. Ja, Sonne gibt es hier auch, gar keine Frage, für manch einen sogar in erträglicherer Dosis als anderswo. Wem die tropischen oder mediterranen Regionen zu grell und heiß sind, wer nicht unbedingt 35 bis 40 Grad braucht, um sich überhaupt einmal warm zu fühlen, der dürfte mit Schleswig-Holstein sehr gut bedient sein. Und das erfrischende Meer oder ein See ist hier sowieso immer in erreichbarer Nähe.

Beinahe hätte ich jetzt den Schnee vergessen, was verständlich ist. Dieser Landesteil gehört nicht unbedingt zu den Regionen, die regelmäßig mit hübschen Schneemassen bedacht werden. Es ist schon eher die Ausnahme, dass hier einmal Schnee fällt und die Seen zufrieren, und wenn es passiert, begegnet das Land diesem Ereignis mit vollkommenem Unverständnis. Schon bei ein paar Schneeflocken bricht alles zusammen, und die vereisten Fahrbahnen sorgen für Überforderung; Schneeketten kennt man hier nur vom Hörensagen. Die Menge an Räumfahrzeugen, die von den Gemeinden vorgehalten werden, ist nicht eben überzeugend. Im Grunde ist bereits in dem Moment, da der Schneefall einsetzt, die Schlagzeile vom nächsten Tag gesetzt: »SCHNEE FÜHRT IM GANZEN LAND ZU CHAOS«. Doch zur Verteidigung des nördlichsten Bundeslandes, dessen Umgang mit winterlichem Wetter aus süddeutscher Expertensicht gern belächelt wird, muss man anführen, dass hier zum eigentlichen Schnee und Eis meistens auch Sturm hinzukommt, der die Sache erschwert. Eine 30 Zentimeter dicke Schneedecke sollte eigentlich kein Land vor unlösbare Aufgaben stellen, wenn dann aber ein Sturm dafür sorgt, dass sich dieser Schnee auf den Straßen und an Feldrändern zu meterhohen Verwehungen auftürmt, sieht es doch gleich ganz anders aus.

Eine der prägendsten Wettererfahrungen für viele im Land war tatsächlich ein solcher Schneesturm, der sich zum Jahreswechsel 1978/79 ereignete: die sogenannte Schneekatastrophe. Wenn sich überall auf der Welt Leute daran erinnern, wo sie waren, als beispielsweise in Berlin die Mauer fiel oder in New York die Twin Towers einstürzten, weiß man in Schleswig-Holstein noch dazu, wo man sich an Silvester 1978 aufhielt. Ich selbst war damals gerade vier Jahre alt, und meine erste bewusste Kindheitserinnerung stammt aus dieser Zeit. Bei mir ist es vor allem ein Geräusch: das Rasseln eines Kettenpanzers, der durch mein vollkommen eingeschneites Heimatdorf rattert und die Schneemassen platt zu drücken versucht. Das hat sich mir tief eingeprägt. Aber wie es mit Erinnerungen so ist, kann ich natürlich nicht mit absoluter Gewissheit sagen, dass ich es wirklich genau so erlebt habe. Vielleicht habe ich auch nur von einem solchen Vorgang gehört? Vielleicht habe ich es irgendwo später gesehen und nur zu meiner eigenen Erinnerungserzählung jener Tage gemacht? Durchaus denkbar, denn von der Schneekatastrophe wird bis heute immer wieder erzählt. Jeder hat seine Geschichte. Ich habe meine und eine ausgedachte dazu, die zur Rahmenerzählung meines ersten Romans *Schneetage* wurde.

Alles beginnt – na klar – mit dem Wetterbericht. Miese Aussichten. Ein skandinavischer Hochdruckkeil verlagert sich zügig nach Süden und stößt mit seiner Kaltluft direkt über Schleswig-Holstein auf eine wärmere Tiefdruckrinne, was zu ergiebigen Niederschlägen führt, genauer zu Schnee. Dazu heftiger Sturm aus Nordost. Mehrere Tage lang schneit es ununterbrochen, und der Sturm schiebt die Massen zu meterhohen Verwehungen auf. Es dauert nicht lang, bis nichts mehr geht. Die Strommasten stürzen unter der Last der eingefrorenen Leitungen reihenweise wie Mikadostäbchen um. Fahrverbote werden erst im Ostteil, dann überall ausgesprochen, was den Nebeneffekt hat, dass die Grenze zum Nachbarland Dänemark dadurch praktisch geschlossen ist. Auf dem Nachhauseweg aus den Weihnachtsferien ist für manche an der Grenze Schluss. Das Telefonnetz bricht zusammen. Es gibt keinen Strom. Die Kühe müssen von Hand gemolken werden, was nicht nur anstrengend ist, sondern auch ungewohnt für die Tiere. Keine Ölheizung funktioniert. Glücklich die Menschen, die einen Holzofen besitzen. Schwangere oder Kranke müssen teilweise mit Helikoptern ausgeflogen werden. Die Bundeswehr kommt mit Panzern und überrollt nicht wenige eingeschneite Autos. Süddeutschland schickt Räumfahrzeuge in den Norden. Kein Zug fährt. Gemeinden sind zum Teil über mehrere Tage eingeschneit. Und der Schnee hört und hört nicht auf.

So dramatisch das damals war, die meisten Geschichten, die mir über die Jahre aus jenen Tagen erzählt wurden, klingen eher positiv. In den Gemeinden und Städten brachte der Schnee die Leute zusammen. Gemeinsames Schneeschippen verbindet eben und das Punschtrinken zum Aufwärmen sowieso. Viele erinnern sich gern an diese Tage zurück, die sich wenige Wochen später noch dazu wiederholten, als ein weiterer Schneesturm übers Land tobte. Nachbarschaftshilfe, die funktioniert, ist etwas, das viele sehr wertschätzen. Seitdem achte ich jedenfalls bei jeder Wohnung und jedem Haus, in das wir ziehen, auf die Nachbarn mit Holzöfen. Solche Nachbarn muss man sich warmhalten. Mittlerweile haben wir selbst einen Holzofen. Sicher ist sicher. Wenn es noch einmal zu einer Schneekatastrophe kommen sollte, darf man sich getrost an uns wenden.

Schleswig-Holstein und das Wetter – beides gehört zweifelsfrei zusammen. Wobei noch einmal betont werden muss, dass damit nicht zwangsläufig schlechtes Wetter gemeint ist. Das ist eben nicht zuletzt eine Frage der Einstellung. Falls Sie also hier im Land Urlaub machen und eine Karte nach Hause schreiben, erwähnen Sie doch bitte gern das Wetter, und erzählen Sie, wie es hoffentlich ist: besser als erwartet.

Erst die Arbeit und dann
Leben, wo andere Urlaub machen

Mareike Krügel

Als ich etwa zehn Jahre alt war, kam mir die Idee, ich könnte Surfen lernen. Ich wollte eine von denen sein, die in den Buchten auf dem Brett stehen, mit schräg gelegtem Segel hart am Wind durch die Wellen pflügen, braun gebrannt und salzwassergebleicht und so unfassbar cool, dass sie beinahe nicht von dieser Welt zu sein scheinen.

Mein Vater fand die Idee gut. Er sagte, er kenne jemanden, der eine Surfschule betreibe, in Kalifornien. Das befremdete mich – warum sollte ich so weit reisen, um etwas zu lernen, das ich doch auch offensichtlich hier vor Ort betreiben konnte? Am Ende erschien mir der Aufwand zu groß, und ich entschied, dass Surfen doch nicht so mein Ding war.

Obwohl ich in der Nähe von Kiel aufgewachsen bin, hatte ich keine Ahnung, dass Kalifornien ein Strandabschnitt südlich der Kieler Förde ist. Gleich neben Brasilien gelegen übrigens. Ich war einfach nicht besonders interessiert an Dingen, für die andere ihren kostbaren Jahresurlaub nutzten. Überhaupt habe ich eine ganze Kindheit im Schatten des Tourismus verbracht, ohne ihn bewusst zu bemerken. Die Anzeichen waren alle da: Zum Strand fuhr man am besten mit dem Fahrrad, weil es im Sommer keine Parkplätze gab. Und wenn doch mit dem Auto, dann nach 18 Uhr, denn dann kostete das Parken nichts mehr. So gewöhnte meine Familie sich an, abends schwimmen zu gehen.

Wir fuhren auch abends Eis essen, um nicht so lange vor der Eisdiele anstehen zu müssen. Und Rumliegen am Strand war ohnehin nichts Erstrebenswertes – man bekam nur Sonnenbrand davon und Sand zwischen die Zähne. Die riesigen Schiffe der Stena und der Color Line, die von Kiel aus nach Schweden und Norwegen ablegten, waren für andere Leute gedacht. (Die Stena spülte gelegentlich schwedisch sprechende Menschen nach Kiel, die gleichzeitig mit mir in den Filialen des H&M-Konzerns stöberten – ein weiteres Rätsel meiner Jugend: Warum fahren Schweden nach Deutschland, um dort in einen schwedischen Laden zu gehen?) Lediglich mit der kleinen *Langeland* fuhr ich von Zeit zu Zeit. Einmal nach Dänemark und, ohne auszusteigen, wieder zurück. Auf dem Schiff konnte man zollfrei einkaufen, und ich brachte Seife für meine Mutter und Aquavit für meinen Vater mit. Als Jugendliche nutzten wir diese Touren am Wochenende, um möglichst billig möglichst viel zu trinken, aber ich war dafür leider ungeeignet, weil mir auch ganz ohne Alkohol auf See viel zu leicht schlecht wurde.

Freizeitparks, Festivals oder Veranstaltungen wie die Karl-May-Festspiele in Bad Segeberg waren etwas für die Gäste – wir fuhren im Sommer nach Italien. Erst als ich selbst Kinder hatte und gleichzeitig nicht genug Geld, um zu reisen, entdeckte ich, dass Schleswig-Holstein ein wunderbares Urlaubsland sein kann. Und ich begriff, dass der seltsame Sommerrhythmus meiner Kindheit auch ein Manövrieren um den Tourismus herum gewesen war.

Besonders gern macht man in Deutschland offenbar an der Nord- und Ostsee Urlaub, der Trend ist seit Jahren ungebrochen. Während der Coronapandemie gingen in unbeschränkten Phasen die Zahlen eher noch weiter aufwärts. Die deutschen Küstenregionen stechen dabei locker die Balearen aus, und Schleswig-Holstein rangiert stets auf den vorderen Plätzen der beliebtesten Urlaubsländer der Bundesrepublik (wenn auch nie auf Platz eins).

An einigen Stellen aber ballt es sich in den Sommermonaten inzwischen derartig, dass die betroffenen Gemeinden offen über eine Beschränkung der touristischen Vermietung nachdenken. In genau solch einer Region lebe ich, und weil hier in den vergangenen Jahren die Zahl der Übernachtungen und Besuche immer weiter gestiegen ist, greift auch in meiner kleinen Familie inzwischen das Einheimischen-Paradox, das besagt: Je besser das Wetter, desto eher bleibt man zu Hause. In den Freizeitpark Tolk-Schau, der hier direkt um die Ecke liegt, gehen wir im Herbst, kurz bevor er für den Winter schließt. Dann ist es leer, und man muss nicht anstehen. Wir bestellen unsere Pizza niemals am Wochenende, und zum Kindergeburtstag im Kletterpark laden wir sonntags gleich zu Beginn der Öffnungszeit. Das ist uns in Fleisch und Blut übergegangen. Genau wie das Meiden der angesagten Badestellen, an denen es von Sonnenanbetern, Strandkörben, Handtüchern, Beachvolleyballnetzen und Schirmen mitunter so wimmelt, dass es aussieht wie auf Suchbildern in Kinderbüchern. Wir fahren gezielt zu einem Strand, an dem es genügend kostenlose Parkmöglichkeiten gibt, gehen auf direktem Weg ins Wasser und trocknen uns erst zu Hause gründlich ab. Oder nehmen unsere Handtücher und laufen erst einmal ein paar Hundert Meter um die nächste Ecke, wo es zwar etwas steiniger ist, aber dafür weniger voll. Das Meerwasser-Wellenbad in Eckernförde ist herrlich leer, wenn es draußen 25 Grad hat, und vom Turm der Wasserrutsche aus kann man über den ganzen Strand gucken, auf dem die Feriengäste wie die Ölsardinen liegen.

Einer der frühen Kurzfilme von Detlev Buck heißt *Erst die Arbeit und dann?*. Darin wird sehr dialogarm erzählt, wie ein junger Landwirt, nachdem er Hof und Stall versorgt hat, noch nach Hamburg fährt, um es sich nett zu machen. In einer Bar erlebt er den totalen *culture clash*, er passt einfach nicht hinein in die Welt der Großstädter und Alles-auf-die-leichte-Schulter-Nehmer. An diesen Film denke ich sehr oft. Zum Beispiel, wenn ich mich morgens an der Bushaltestelle mit einer der anderen Mütter unterhalte, die ihr Kind zum Überlandbus begleiten, der wie eh und je zu unchristlicher Zeit über die Dörfer gurkt, um die müden Schulkinder einzusammeln. Viele der Frauen, die wegen der Kinder und der fehlenden Infrastruktur nicht Vollzeit arbeiten können, gehen hier putzen. Denn zu putzen findet man in dieser Gegend immer etwas, und zwar: Ferienwohnungen. Im Jahr 2020 wurden vom Tourismusverband alles in allem mehr als 85 Millionen touristischer Übernachtungen in Schleswig-Holstein gezählt, ein großer Teil davon in Ferienwohnungen und -häusern. Um die 160 000 Beschäftigte erzielen jährlich ein durchschnittliches Einkommen in irgendeinem Zusammenhang mit dem Fremdenverkehr. Diejenigen, die sich »nur etwas dazuverdienen«, sind statistisch nicht zu erfassen – es müssen jedenfalls viele sein. Was sonst gibt es hier?

Größere Städte, in denen man Arbeit finden kann, sind nicht gerade zahlreich. Und der wichtigste Arbeitgeber seit jeher – die Landwirtschaft – kommt mit immer weniger Händen aus (inzwischen lässt sich ein Hof mit 200 Stück Milchvieh dank Melkroboter und Maschinen von ein bis zwei fleißigen Personen und ein paar saisonalen Helfern bewirtschaften). Die Anfahrtswege fressen oft so viel Zeit, dass die Zusatzbetreuung der Grundschule nicht ausreicht, um wenigstens in Teilzeit zu arbeiten – über den öffentlichen Personennahverkehr reden wir jetzt mal gar nicht erst. Hier siedelt sich keine Industrie an, und der Handelsverkehr, egal ob per Schiff, Schiene oder Lkw, ist hauptsächlich auf der Durchreise. In so einer Welt muss man aus der Not eine Tugend machen und das als Stärke verkaufen, was, strukturell gesehen, eigentlich eine Schwäche ist: Provinzialität.

Klar, das Meer, die Strände, das Watt – alles ein Grund, in Schleswig-Holstein Urlaub zu machen, ganz besonders im Sommer. Aber für all das könnte man schließlich auch sonst wohin fahren. Strände, dazu noch mit Sonnenscheingarantie, findet man rund ums Mittelmeer zuhauf. Ein Meer, das den Namen verdient, eines mit Brandung und Salzgeschmack und so weiter Sicht, dass die Erdkrümmung erkennbar wird, findet man viel besser in Frankreich oder Portugal. Man könnte auch nach Dänemark fahren oder nach Schweden, wenn man die Ostsee liebt und gern segelt, und das Wattenmeer – nun ja, meiner Meinung nach reicht ein gut getimter Tagesausflug von Hamburg aus, um daraus eine wunderbare Erfahrung zu basteln.

Warum also macht man Urlaub in Schleswig-Holstein? Und warum tut man es augenscheinlich in den vergangenen Jahren immer öfter, während man vorher hauptsächlich durchgefahren ist, um irgendwo anders hinzukommen, nach Norwegen zum Beispiel? Hier gibt es unbeständiges Wetter, eine unspektakuläre Landschaft, vergleichsweise schmale, steinige Strände. Die Seebäder sind weder zahlreich noch besonders mondän. Das kulturelle Angebot ist eher dürftig, die Städte sind wenig romantisch (Ausnahmen bestätigen die Regel), und die Freundlichkeit der Menschen ist nicht gerade legendär. Außerdem riecht es ziemlich oft nach Gülle.

Es gibt in Schleswig-Holstein etwas, das sich eigentlich nur mit Reizunterflutung beschreiben lässt. Alles hier ist gemäßigt. Nichts ist aufregend. Es ist nie zu heiß oder zu kalt, nie zu voll, nie zu laut, zu hektisch, nichts ist bedrohlich, nichts ist extrem. Die Abenteuer, die man hier erleben kann, sind Kitesurfen und Wattwandern, und wer einen Wattführer oder eine Surferin persönlich kennt, weiß, dass es keine tiefenentspannteren Personen auf diesem Planeten gibt. Selbst die Abenteuer sind hier offenbar kein Problem für das vegetative Nervensystem. Wer nach Schleswig-Holstein kommt, um Urlaub zu machen, muss mit vielen Unsicherheiten rechnen (ganz besonders bezüglich des Wetters), aber eines ist garantiert: Es ist erholsam.

Nur nicht für diejenigen, die selbst vermieten, natürlich. Leben, wo andere Urlaub machen, heißt eben auch, die meiste Arbeit genau dann zu haben, wenn die anderen kommen, die gerade frei haben. Dazu steigen seit Jahren die Ansprüche, wie mir berichtet wurde. Meine Mutter erzählte, dass sie die Ferienwohnung in den Alpen, die wir früher regelmäßig mieteten, fand, indem sie einfach einen Namen aus dem Verzeichnis des Fremdenverkehrsverbands raussuchte und dort anrief. Die Katze im Sack sozusagen. Heute kann man sich im Vorfeld bereits Bilder ansehen und Erfahrungsberichte lesen, und steht in der Küche der Ferienwohnung nicht die richtige Kaffeemaschine, gibt es bei der Onlinebewertung Punktabzug. Die Katze im Sack bleibt es am Ende trotzdem.

Neulich fuhr ich durch die Marsch in Nordfriesland, vorbei an einem wunderschönen alten Gehöft, an dem ein Schild die Möglichkeit verkündete, dort Urlaub auf dem Bauernhof zu erleben. Ich habe später nicht nachgeschaut, aber ich wette, man findet im Internet die idyllischsten Bilder des alten Hauses, Aufnahmen von lauschigen Plätzchen unter dem Obstbaum, von Katzen, die sich in der Mittagssonne rekeln. Dass das Land um den Hof flach wie eine Flunder ist, der Baumbestand sich in dem einen Obstbaum mit dem lauschigen Plätzchen erschöpft, der weite Blick in die eine Richtung von einem Deich, in die andere von zahlreichen Windrädern ausgebremst wird, sieht man natürlich nicht. Und dass hinter dem Deich nicht das Meer liegt, sondern ein kilometerbreiter Streifen sumpfigen Vorlands voller Schafkot, werden die Besitzer des Hofes ihren potenziellen Gästen sicher auch vorsorglich verschweigen.

Die Katze im Sack kann auch bedeuten, dass die schönen Bilder, die Sie im Internet finden, seltsamerweise alle den herrlichen Ausblick zeigen, aber kein einziges die Außenansicht des inserierten Feriendomizils. Dann könnte es sein, dass Sie sich gerade für eine Ferienwohnung in Port Olpenitz interessieren. Oder in Damp. Vielleicht am Weißenhäuser Strand?

Ich erinnere mich noch gut an das Gefühl des Gruselns, das mich angesichts dessen, wozu der Mensch fähig ist, beschlich, wenn ich als Kind auf dem südlichen Ufer der Eckernförder Bucht stand (gern dort, wo einst eine Kirche gewesen war, die der Teufel mit einem seiner üblichen Findlingswürfe verfehlt hatte) und im Dunst am gegenüberliegenden Ufer die schneeweiße Silhouette der Siedlung »Damp 2000« erahnen konnte. Wenn Fortschritt so aussah wie »Damp 2000« – dessen Name anders als »Meran 2000« nichts mit einer Höhenangabe zu tun hatte, sondern eine Zukunftsvision suggerieren sollte –, dann wollte ich ihn lieber nicht haben. Heute, jenseits der Jahrtausendwende, heißt der Siedlungskomplex an einer besonders schönen Stelle der Ostseeküste, wo die Eckernförder Bucht sich zum offenen Meer hin öffnet, »ostsee resort damp«.

Aber der Ausblick ist für manche wichtiger als der Anblick. Davon zeugen zahlreiche Gebäude in Schleswig-Holstein. Und Zukunftsvisionen dieser Art erzählen von einer Natur- und Menschenfeindlichkeit, die eine Seite des Tourismus ist, die systematisch an dem Ast sägt, auf dem sie selbst sitzt.

Manche dieser steingewordenen architektonischen Visionen bringen es zum Wahrzeichen oder vielleicht eher zum Wiedererkennungsmerkmal. Der Wikingturm an der Hafenspitze von Schleswig sorgt dafür, dass Sie immer wissen, wo Sie sich gerade befinden, wenn Sie in der Umgebung die Orientierung verloren haben. Und das Maritim Strandhotel in Travemünde, das den Strand, der ansonsten aussieht wie jeder andere, unverkennbar macht, ist solch ein Solitär in dem ansonsten kleinstädtischen Ostseebad mit Promenade und Privatpensionen, dass man es kurzerhand zum Leuchtturm aufgestockt hat, dem höchsten Europas.

Wer Beton lieber mag als Kopfsteinpflaster und Reetdächer, wird sich in Schilksee wohlfühlen, wo 1972 für die Olympischen Spiele in München, deren maritimer Teil in die Umgebung von Kiel ausgelagert wurde, ein olympisches Dorf entstand, das noch heute einen Anblick bietet, der irgendwo zwischen innovativ und furchterregend anzusiedeln ist.

Wenn man da lebt, wo andere Urlaub machen, dann profitiert man natürlich auch. Seit einigen Jahren haben unsere Lieblingsbadestellen jeweils ein Toilettenhäuschen. Manche haben einen Grill bekommen oder eine Wippe für die Kinder. Die Veranstaltungen, die es in den Sommermonaten gibt – Dorffeste, Kunsthandwerkermärkte, Freilufttheater –, stehen schließlich nicht nur Feriengästen offen, obwohl es sie ohne die locker sitzenden Touristenportemonnaies ganz sicher nicht in dieser Menge oder Größe geben würde. Auf der einen Seite ist das Benzin an den Tankstellen der beliebten Ferienorte so auffällig viel teurer, dass ein Zufall ausgeschlossen ist, auf der andere Seite gibt es eine gute Gastronomie für jeden Bedarf. Und dann sind da die Cafés.

Ach, die Cafés auf dem Land in Schleswig-Holstein! Wer findet, es sei eine gute Sache, in einer Art 3-D-Postkarte zu sitzen und ein großes Stück Torte vor sich zu haben, der wird den Sommer in Norddeutschland lieben. Man ist hier wirklich einfallsreich, wenn es darum geht, traditionelle Idylle zu verkaufen. Urlaub auf dem Bauernhof ist ebenso ein mögliches Standbein wie Hofläden, Maislabyrinthe, Erlebnisangebote für Kinder. Und manche stellen ein paar Tische auf den gepflasterten Teil des Bauerngartens, zwischen Stockrosen und Phlox, besorgen sich eine Genehmigung und postieren ein handgeschriebenes Schild an der Straße: »Selbst gemachte Torten und Kuchen«.

Wenn Sie auf einer Radtour an solch einem Schild vorbeikommen, geben Sie ein Handzeichen (nicht vergessen, bitte, beim Autofahren wird man auf den Landstraßen zwischen den Knicks oft so rammdösig, dass man einen Tunnelblick bekommt) und biegen ab in die Hofeinfahrt. Je unbeholfener die Schrift auf dem Schild wirkt, desto besser. Hier zeigt sich die wahre Geschäftstüchtigkeit der Norddeutschen, denn es ist natürlich alles Absicht: Es soll gar nicht professionell aussehen. Sondern selbst gemacht, und zwar von jemandem, der die richtigen Prioritäten zu setzen weiß. »Ich habe keine Ahnung von Grafik«, sagt das Schild, »aber probieren Sie mal meine Torten!«

Radtouren also, mit Cafébesuch, bieten sich hier an. Das Land ist im Großen und Ganzen eher flach, auch wenn das Östliche Hügelland mit einigen anstrengenden Steigungen aufwartet. Man kann Schleswig-Holstein auf mehreren Wegen durchfahren oder -wandern, längs oder quer.

Gleichsam einmal gerade von Norden nach Süden verläuft der Ochsenweg. Warum der so heißt, kann man sich denken – es war die Route, auf der früher die Ochsen Richtung Hamburg getrieben wurden. Im Mittelalter war sie sogar ein Abschnitt des Jakobswegs, der in Santiago de Compostela endet.

Man könnte auch der Käsestraße folgen, wenn man schon ein Thema braucht. Sie führt sozusagen einmal rund um Schleswig-Holstein herum, passiert dabei fast 40 Käsereien, traditionsreiche wie auch nagelneue. Ich kann zu den dort jeweils hergestellten Spezialitäten allerdings keinerlei persönliche Erfahrung beitragen, weil ich stark riechenden Käse nicht essen mag, und aus irgendeinem Grund wird in Schleswig-Holstein gern Käse hergestellt, der im Kühlschrank fest verschlossen aufbewahrt werden sollte, mit besonderer Vorliebe Tilsiter. Die Kenntnisse über Käseproduktion brachten übrigens Einwanderer aus Holland Ende des 16. Jahrhunderts nach Schleswig-Holstein. Einen Hof, auf dem Käse produziert wurde, nannte man dann auch »Holländerei«; eine Bezeichnung, die man heutzutage an manchen Stellen noch immer findet.

Möchte man quer durch von Küste zu Küste, könnte man sich an den Wasserstraßen orientieren, der Eider – dem längsten Fluss des Landes und beliebte Kreuzworträtsellösung – oder dem Nord-Ostsee-Kanal. Das Radwegenetz ist gut ausgebaut, und im Frühsommer werden die Knicks rechts und links der Landstraßen von einem Tag auf den anderen so üppig grün, dass man meint, den frisch produzierten Sauerstoff in der Luft riechen zu können. Zur Zeit der Rapsblüte sind die sanften Hügel der Holsteinischen Schweiz lieblich und gleichzeitig imposant in ihren extremen Farben – strahlendes Gelb vor hellblauem Himmel und einem Streifen tiefblauen Meers am Horizont. Allerdings ist es dringend zu empfehlen, mit geschlossenem Mund zu radeln. Die winzigen Rapskäfer fliegen einem ansonsten orientierungslos in die Luftröhre.

Was bietet sich außer radeln noch an in diesem Land ohne Extreme und mit Chillfaktor-Garantie? Segeln natürlich. Im Strandkorb sitzen, Pony reiten, windsurfen, wandern im Watt oder durch die Gegend in Begleitung eines Esels, den man ab und zu mit Hagebutten füttert, die überall wachsen. Eine Seehund-Aufzuchtstation besuchen. Direkt vom Kutter zwei Kilo Krabben kaufen und sie auf der Terrasse des Ferienhauses fachgerecht pulen.

Das geht so: Man nimmt eine einzige kleine Krabbe, die in Wirklichkeit eine Garnele ist, mit der nicht bevorzugten Hand. Daumen und Zeigefinger halten den Kopf fest, und mit einer Drehbewegung der anderen Hand zerknackt man den Panzer an einer der von der Natur praktischerweise eingebauten Sollbruchstellen. Nun kann man den Kopf abziehen und beiseitelegen. Das essbare Fleisch befindet sich in dem hinteren Teil der Krabbe, der in dem gepanzerten Schwanz steckt. Man packt das herausstehende Ende des Krabbenfleisches und zieht elegant den Panzer ab. Das kleine rosa Würstchen, das man jetzt in der Hand hält, kann man entweder direkt in den Mund stecken und essen. Oder es beiseitelegen und auf einen Krabbencocktail sparen. Mit Remouladensoße auf einem Brötchen festgeklebt, ergibt ein Haufen gepulter Krabben eine Art Burger. Mit Rührei vermischt und gebraten, ergibt er eine warme Mahlzeit.

Aber darum geht es gar nicht. Das Ergebnis ist immer ein bisschen enttäuschend, weil der Aufwand, den man dafür betreiben muss, es niemals rechtfertigt. Man muss lernen, im Vorgang des Krabbenpulens selbst eine Freizeitbeschäftigung zu sehen. Das kann genauso ein meditativer Vorgang sein wie auch ein Wettbewerb mit sich selbst – denn Übung macht den Meister, und wie schön ist es, sich selbst als passablen Krabbenpuler bezeichnen zu dürfen.

Wer seine Krabben lieber vor einem Zelt oder Caravan pult, hat in Schleswig-Holstein die Qual der Wahl an Campingplätzen. Beliebt sind natürlich diejenigen mit direktem

Zugang zum Meer oder an einem der fast 400 Seen (davon liegt etwa die Hälfte in der Holsteinischen Schweiz). Nach den Bewertungskriterien des ADAC gibt es hier die meisten Fünfsterneplätze Deutschlands, und unter den für das Jahr 2022 ausgezeichneten »Superplätzen« sind vier von fünf auf der selbst ernannten Sonneninsel Fehmarn.

Allerdings erinnert so ein Campingplatz im Hochsommer gelegentlich an einen Parkplatz zur besten Einkaufszeit. Alle Campingwagen und Wohnmobile stehen in Reih und Glied dicht nebeneinander auf baumlosem Rasen. Gegrillt, gegessen und gespielt wird in den schmalen Spalten zwischen den Fahrzeugen. Dort, wo es Meerblick oder Schatten spendende Bäume gibt, stehen die Wagen der Dauercamper auf ihren Parzellen, die wie Miniaturausgaben der umliegenden Dörfer aussehen: Jägerzäune, Gartendekoration, Plastiktische mit Wachstuchdecken und seltsame Anbauten, Vordächer und Schuppen aus allen erdenklichen Materialien.

Ruhiger ist es natürlich auch für Feriengäste, wenn gerade keine Saison ist. Mitunter womöglich zu ruhig. Wer sich zum Beispiel im Winter auf Amrum einmietet, muss sich nicht nur für das Wetter wappnen. Straßenbeleuchtung außerhalb der Hauptorte gibt es nicht, packen Sie also unbedingt eine Taschenlampe ein. Die Dunkelheit auf einer Nordseeinsel im Winter ist undurchdringlich. Es ist so duster, dass man die Hand vor Augen nicht sieht, geschweige denn das Schlagloch auf dem nicht asphaltierten Feldweg. Immerhin ist die ärztliche Versorgung inzwischen auch außerhalb der Touristensaison gewährleistet, und dank eines Modellprojekts sind seit Kurzem die Sanitätsstationen der Halligen via Telemedizin im Notfall mit der Uniklinik in Kiel verbunden.

Während eines Stipendienaufenthaltes auf Sylt im Januar fanden wir einmal ein Restaurant, das tatsächlich geöffnet hatte. Wir waren die einzigen Gäste. Es dauerte ein bisschen, bis eine Bedienung kam und uns die Speisekarte brachte. Danach hörten wir sie im Nebenraum aufgeregt mit dem Koch telefonieren: Er möge bitte sofort herkommen.

Überhaupt sind das Sommer- und das Wintergesicht von Schleswig-Holstein so unterschiedlich wie Ost- und Westküste. Weil keine Region hier jemals für einen Winterurlaub geeignet sein könnte, gibt man sich außerhalb der Sommersaison nicht gerade Mühe, es für irgendjemanden gemütlich oder attraktiv zu machen. Der Winter gehört den Einheimischen, und Schleswig-Holstein wird überall wieder das, was es eigentlich ist: tiefste Provinz.

Nun kann es aber passieren, dass so mancher, der im Sommer auf einer der Inseln am Strand lag oder an der Ostseeküste an einem der klaren Tage einen spektakulären Blick über das Meer bis nach Dänemark hatte, sich in dieses Bundesland verliebt. Und Liebe, das weiß jeder, hält in guten wie in schlechten Zeiten, wenigstens solange ab und zu genügend gute vorbeikommen.

Immer wieder begegnen sie mir hier, die Zugezogenen, die »am Meer« leben wollen und sich deshalb irgendwann in einem der kleinen Städtchen in akzeptabler Nähe zur Küste wiederfinden, wo ihre Kinder eine ähnliche Version von Kindheit verbringen wie seinerzeit ich selbst. Wer wirklich »am Meer« wohnen will, muss ein reicher Hamburger sein, so viel ist anscheinend klar. In jeder Einfahrt neben jedem Haus, das einen Blick hat, einen Strandzugang, in Laufweite einen Jachthafen, womöglich ein

Reetdach oder eine bemalte Friesentür, steht ein Auto mit Hamburger Kennzeichen.

Tatsächlich hat der Trend, sich in Schleswig-Holstein ein Ferienhaus zu kaufen, in den vergangenen Jahren so zugenommen, dass es inzwischen für Einheimische in bestimmten Regionen schwer geworden ist, ein bezahlbares Grundstück zu finden. Genau wie beim Ausbau des Tourismus hat diese Entwicklung zwei Seiten. Die düstere liegt auf der Hand: Dort, wo jedes zweite Haus ein Wochenendhaus ist, findet kaum noch Dorfleben statt, und dort, wo die Hauspreise in fantastische Höhen schießen, können sich keine Familien dauerhaft niederlassen. Die helle Seite ist für jeden, der durch diese Gegenden fährt, allerdings ebenso offensichtlich: Die aufgekauften Häuser werden mit Geld und Aufwand renoviert. So mancher alte Dreiseithof, dessen Unterhalt die Kapazitäten von Otto Normalverbraucher überschreitet, wäre schlicht dem Verfall preisgegeben ohne das Geld und die Lust der Städter, ihn sich wieder nett herzurichten. Und weil es denjenigen, die auf der Suche nach Wochenendidylle sind, gerade die alten Reetdachkaten angetan haben, habe ich über die Jahre oft beobachten können, wie ein völlig heruntergekommenes Häuschen mitten im Grünen mit viel Liebe wieder aufgemöbelt wurde.

Während ich dies schreibe, ist Sommer. Ich habe eine To-do-Liste, die mich in den nächsten Tagen in das hübsche Fischerstädtchen Kappeln führen wird, wo ich einige Besorgungen machen muss. Ich plane bereits meine Tour durch die Innenstadt und schaue selbstverständlich nach dem Wetter. Bei Sonnenschein an einem Nachmittag in dieser Jahreszeit werde ich keinen Parkplatz finden, das steht fest. Und wenn ich mich in der Buchhandlung auch mal umdrehen möchte, komme ich am besten gleich morgens.

Aber dafür könnte ich auch einfach am Sonntag einkaufen, da ist hier wegen der Sondergenehmigung für Strandbäder nämlich alles geöffnet. Und wenn ich dann zwischen all den fotografierenden Feriengästen zielstrebig meine Besorgungen mache mit einer Körperhaltung, die sagt: Lasst mich durch, denn ich wohne hier, und zwar das ganze Jahr über, dann werde ich heimlich stolz sein, dass all diese Menschen extra hierherkommen. Und dann möchte ich sie mit dem Ellbogen anstupsen und sagen: »Schön hier, nicht?«

Dat se bliven ewich tosamende ungedelt

Ein großes Hin und Her – die Geschichte Schleswig-Holsteins

Jan Christophersen

Geschichte kann eine verworrene Sache sein. Ganz generell ausgedrückt begreifen wir einfach zu wenig von den Begebenheiten, die sich vor unserer Zeit ereignet haben. Dafür ist es zu lange her. Oft haben buchstäblich nur Bruchstücke überdauert, sodass es kaum Anknüpfungspunkte an das Heute gibt, die beim Verstehen behilflich sein könnten. Es ließe sich ohnehin fragen, ob es überhaupt möglich ist, sich in den Kopf eines Menschen hineinzuversetzen, der vor Hunderten oder gar Tausenden von Jahren gelebt hat. Faktoren und Umstände haben für diesen Menschen dereinst eine Rolle gespielt, die uns Spätergeborenen vollkommen unbekannt oder unverständlich sind. Es gibt allerdings auch den umgekehrten Fall, dass wir nämlich zu viel wissen und deswegen die Umstände einer vergangenen Zeit kaum nachempfinden können. Wir kennen schließlich den Ausgang einer Entwicklung. Alles ist aus unserer Sicht längst passiert und wirkt insofern folgerichtig. Ausgestattet mit unserer späteren Einsicht, bleiben manche Entscheidungen und Verhaltensweisen unserer Vormenschen daher absolut rätselhaft. Wie gesagt: eine verworrene Sache.

Für die Geschichte Schleswig-Holsteins gilt diese Feststellung in besonderem Maß. Es gibt den berühmten Ausspruch eines gewissen Lord Palmerston, Premierminister in England Mitte des 19. Jahrhunderts, der nach dem gescheiterten Versuch, einen Krieg zwischen Preußen und Dänemark um dieses Land auf diplomatischem Weg zu verhindern, resigniert feststellte: »Nur drei Menschen haben die schleswig-holsteinische Geschichte begriffen – Prinzgemahl Albert, der ist tot; ein deutscher Professor, der ist wahnsinnig geworden; und ich, nur habe ich alles darüber vergessen.« Ob der Premierminister diesen Satz tatsächlich genau so gesagt hat, ist nicht ganz klar. Es gibt einige Variationen davon, die sich in unterschiedlichen Veröffentlichungen niedergeschlagen haben. Manchmal ist da statt von einem deutschen Professor beispielsweise von einem dänischen Staatsmann die Rede, der verrückt geworden sei. So viel jedenfalls lässt sich dem Spruch entnehmen: Es ist anscheinend eine Herausforderung, die schleswig-holsteinische Geschichte in ihren Facetten wirklich begreifen zu wollen.

Wir werden genau das trotzdem probieren, hoffentlich ohne darüber gleich den Verstand zu verlieren. Und natürlich beginnt alles vor langer, unklarer Zeit. Früheste Besiedlungsspuren zeigen, dass vor etwa 20 000 Jahren die ersten Menschen sich nördlich der Elbe niederzulassen begannen, nur lässt sich nicht genau bestimmen, wer diese waren und woher sie stammten. Sie haben jedoch eindrückliche Grabstätten hinterlassen, die einen staunen machen. Was für ein Aufwand, riesige Gesteinsbrocken über weite Strecken an Ort und Stelle zu transportieren, um an aus heutiger Sicht zufällig wirkenden Plätzen massige Hünengräber für die Verstorbenen zu errichten. Aber der Einsatz muss für die damaligen Bewohner des Landes rechtfertigbar gewesen sein. Unter Umständen haben sich auch schon früher einzelne Jäger aus dem Süden oder aus dem Norden ins Land verirrt, das sehr stark bewaldet war, darüber hinaus sumpfig und moorig. Nicht unbedingt die besten Voraussetzungen, um sich hier anzusiedeln.

In der Zeit der Völkerwanderungen im 4. und 5. Jahrhundert setzte denn auch eine große Aussiedlungswelle ein. Die Angeln, nach denen noch heute der nordöstlichste Landkreis benannt ist, und die Sachsen zogen über den Ärmelkanal nach Britannien, vertrieben dort die Kelten und Römer oder assimilierten sie. Die Angelsachsen blieben in den folgenden Jahrhunderten prägend für die Entwicklung Englands – was sich auch am Namen ablesen lässt –, bis im 11. Jahrhundert die Normannen übernahmen. Es ist etwas unklar, wie sich die Gruppe der Angelsachsen zusammensetzte. Man spricht von einem sogenannten Sammelvolk, das aus umsiedlungswilligen Nordgermanen bestand. Bei den Sachsen handelte es sich übrigens um Altsachsen, deren Siedlungsgebiet sich von Westfalen über Niedersachsen bis nach Holstein erstreckte. Sie sind also nicht zu verwechseln mit den heutigen Sachsen und sprachlich sowie der Kultur nach sehr viel enger mit den Friesen verwandt.

Während dieses Sammelvolk also drüben auf der Insel anzukommen begann, zogen dänische und jütische Siedler von Norden in den Nordosten des heutigen Schleswig-Holsteins vor und gründeten an der Schlei, am Haddebyer Noor, eine Kaufmannssiedlung namens Haithabu, die sich bald zu einem der wichtigsten Handelsplätze des Mittelalters entwickelte. Gleichzeitig wurden erste Wallanlagen zwischen der Halbinsel Eiderstedt und der Schlei errichtet, welche die Anfänge des sogenannten Danewerks darstellen. Dieser Schutzwall sollte das nördlich gelegene dänische Gebiet gegen die aus Süden kommenden Vorstöße des Fränkischen Reiches absichern. Hier trafen heidnische Nordgermanen immer wieder kriegerisch auf Truppen des christlichen Kaisers Karls des Großen, bis im Jahr 811 in einem Friedensvertrag der Fluss Eider als Grenze zwischen dem Karolingerreich und dem Dänenreich festgeschrieben wurde. Haithabu wie die ganze Region erlebte über die Jahrhunderte etliche Herrscherwechsel, von dänischen Königen hin zu schwedischen Wikingerfürsten, von diesen weiter zu sächsischen Kaisern und zurück. So langsam ist eine Art Muster zu erkennen: hin und her. In seiner Blütezeit hatte Haithabu bis zu 1500 Einwohner, und seine endgültige Zerstörung im Jahr 1066 wird gemeinhin mit dem Ende der mehrere Jahrhunderte andauernden Wikingerzeit gleichgesetzt.

Bald danach – zumindest wenn man großzügig aus einiger geschichtlicher Entfernung zurückblickt – beginnt mit der im Jahr 1111 erfolgten Belehnung Graf Adolfs II. mit Holstein und Stormarn die Herrschaft der Schauenburger. Sein Haus prägte über 350 Jahre lang das Land und sorgte unter anderem für die Kolonialisierung des heutigen Ostholsteins. An Trave und Wakenitz ließ er die Stadt Lübeck gründen, die einige Vorsiedlungen an anderer Stelle gehabt hatte und nun zur ersten deutschen Hafenstadt an der Ostsee überhaupt wurde. Für eine lange Zeit war Lübeck Dreh- und Angelpunkt des Ostseehandels und hatte eine große Bedeutung für den Bund der Hanse. Mit den Schauenburgern breitete sich außerdem das Niederdeutsche als Sprache aus und verdrängte in vielen Gegenden das Dänische, das Jütische oder Friesische.

Dänemark, inzwischen zur Großmacht im Ostseegebiet aufgestiegen, bemühte sich immer wieder, sein eigenes Reich auch auf Holstein auszuweiten. Zeitweilig war es erfolgreich in diesem Unterfangen, bis im Jahr 1227 die norddeutschen Fürsten ihre Truppen zusammentrommelten und König Waldemar in einer Schlacht bei Bornhöved besiegten. Wenige haben von dieser Schlacht schon gehört, aber man kann sagen, dass sie die international folgenreichste war, die je auf schleswig-holsteinischem Boden ausgetragen wurde. Dänemark musste nach der Niederlage auf seinen gesamten Festlandbesitz verzichten, darunter Holstein, Lübeck, Hamburg, Lauenburg, Mecklenburg und Pommern, und die Eider wurde wieder zur Südgrenze Dänemarks.

Mit der Einführung des Lehnsrechts in Holstein im 13. Jahrhundert wuchs die Macht des Adels im Land, sodass sich die holsteinischen Gutsherren bald als gleichberechtigte Partner des Fürsten verstanden. Parallel dazu und unterstützt aus Holstein, vollzog sich in Schleswig eine ähnliche Entwicklung, die zu einer zunehmenden Lockerung der Verbindung zu Dänemark führte. Die Ritterschaft ließ sich immer weniger in die eigenen Belange reinreden. Als um die Mitte des 15. Jahrhunderts die Herrschaft der Schauenburger schließlich mit dem Tod des kinderlosen Adolf VIII. endete, bestimmte dieser seinen aus Oldenburg stammenden Neffen und dänischen König Christian I. zum Erben in Holstein und Schleswig, allerdings mit einer verpflichtenden Auflage: Der König nämlich musste die Landesrechte – also vor allem die Privilegien der Ritterschaft – anerkennen, was sich die Adeligen als tüchtige Geschäftsleute und Politiker selbstverständlich vertraglich zusichern ließen.

Das Schriftstück, am 5. März 1460 ausgestellt, ist gewissermaßen die Geburtsurkunde von Schleswig-Holstein und heißt nach dem Ort der Unterzeichnung das Ripener Privileg. Darin garantierte der dänische König für sich und seine Erben, dass die Landesteile Schleswig und Holstein für immer ungeteilt zusammenbleiben sollten: »dat se bliven ewich tosamende ungedelt«. Im Vertrag wurde das Wort *ungedelt* mit nur einem e geschrieben. Auf Erinnerungssteinen und den Doppeleichen, die überall im Land zu finden sind und die Zusammengehörigkeit der beiden Herzogtümer symbolisieren sollen, findet man heute dagegen häufiger die Schreibung mit zwei e. Nur damit niemand verwundert ist.

Aber wie es mit Verträgen gern ist: Sie halten nur so lange, wie sie halten. Christian III., der Mitte des 16. Jahrhunderts die Reformation nach Schleswig-Holstein brachte, teilte die Herzogtümer vertragswidrig mit seinen zwei Halbbrüdern auf, wodurch die Teilherzogtümer Schleswig-Holstein-Gottorf und Schleswig-Holstein-Hardersleben entstanden. Nicht genug damit, übergab sein Erbe König Friedrich II. weitere Teile an seinen Bruder Johann, sodass das Herzogtum Schleswig-Holstein-Sonderburg entstand. Man merkt es wieder: viel Hin und Her. Später wurden aufgrund fehlender Erben einzelne Teilherzogtümer aufgelöst, andere dagegen, wie das Gottorfer Herzogtum, gewannen an Bedeutung. Insbesondere auf diese Zeit der komplizierten staatsrechtlichen Verhältnisse hat der britische Premierminister Lord Palmerston wohl angespielt. Es ist tatsächlich schwer zu durchschauen: Wer regierte wo was und hatte wem wie viel zu sagen? Man kann es sehr vereinfacht so zusammenfassen: Die dänischen Könige waren damals gleichzeitig Regenten ihres Landes und – als Herzöge von Schleswig und Holstein und zusammen mit den Teilherzögen – deutsche Reichsfürsten.

Wie und als was empfanden sich aber die Bewohner des Landes? Am ehesten wohl als Schleswiger oder Holsteiner. Oder noch kleinteiliger: als Fehmarner, Lütjenburger oder Bad Oldesloer, als Inselfriesen, Eiderstedter, als Rendsburger, Niebüller, Elmshorner oder Neumünsteraner, als Ratzeburger oder Dithmarscher. National aufgeladen war die Stimmung noch nicht. Insbesondere die Dithmarscher gingen sehr weit in ihrem Wunsch nach Unabhängigkeit. Egal, wer gerade nominell das Sagen über sie hatte – der Graf von Stade etwa oder der Erzbischof von Bremen –, sie wollten sich nicht reinreden lassen und gründeten einen unabhängigen Bauernstaat. Alle Versuche, sie zu unterwerfen, schlugen fehl. Legendär, oft bedichtet und besungen und für unterschiedlichste Zwecke genutzt ist die Schlacht bei Hemmingstedt im Jahr 1500, bei der ein zahlenmäßig weit unterlegenes Dithmarscher Heer die Truppen des dänischen Königs Johann I. und dessen Bruders, des Herzogs Friedrich von Holstein, schlug. Dafür nutzten die Dithmarscher die örtlichen Gegebenheiten zu ihren Gunsten und verwandelten unter anderem das Schlachtfeld durch Öffnung der Siele an den Deichen in einen Morast. Um selbst besser agieren zu können, legten sie ihr Rüstzeug ab und zogen die Stiefel aus. Außerdem heißt es, dass eine bannertragende Jungfrau namens Telse von Hochwöhrden zur Unterstützung auf der Schanze erschienen sei; andere meinen, dass das Anrufen der heiligen Maria den Dithmarschern irgendwie geholfen habe. Wie auch immer es gewesen ist: Am Ende siegten die Bauern aus Dithmarschen und sicherten sich so zumindest für weitere 60 Jahre ihre Unabhängigkeit.

Ein aus heutiger Sicht nur schwer nachvollziehbarer Konflikt zwischen königlichem und herzoglichem Anteil beschäftigte die Politik des Landes für die nächsten zwei Jahrhunderte. Während die Herzogtümer sich weiterhin um Souveränität bemühten, versuchte Dänemark wie eh und je, diesen Entwicklungen entgegenzuwirken und das Land näher an sich zu binden. Der Dreißigjährige Krieg betraf die Region zunächst wenig, später aber führte die sogenannte Gottorfer Frage, die irgendwas mit der neuen Großmacht Schweden und Dänemark zu tun hatte, zu internationalen Verwicklungen. Mehrfach besetzte Dänemark die herzoglichen Gebiete und annektierte sie schließlich vollständig, nachdem Schweden im Großen Nordischen Krieg (1700 bis 1721) unterlegen war. Das ist zugegebenermaßen alles schon sehr verwirrend.

Mit nur wenigen Ausnahmen – Lübeck und Lauenburg – befand sich Schleswig-Holstein am Anfang des 19. Jahrhunderts unter dänischer Verwaltung. Aus heutiger Sicht wirkt es durchaus seltsam, dass etwa Altona, mittlerweile ein Teil von Hamburg, damals unabhängig, zu Holstein gehörig und die zweitgrößte dänische Stadt nach Kopenhagen gewesen ist. Altona – eine dänische Stadt? Holstein – ein Teil Dänemarks? Südschleswig – dänisch? Allmählich gewann das Nationale in dieser Zeit an Wichtigkeit. Und das war etwas Neues und hatte Folgen. Selbsterklärend war der Status quo jedenfalls nicht mehr. Was hatte denn das ausschließlich deutsch besiedelte Holstein mit Dänemark zu tun? Was Dänemark mit Südschleswig, das zwar seit Urzeiten ein dänisches Lehen, sprachlich und kulturell aber deutsch, dänisch und friesisch geprägt war? Die vielen Fragezeichen in diesem Absatz könnten anzeigen, dass dieses 19. Jahrhundert jede Menge Ungewissheiten mit sich brachte, die sehr bald mit Waffengewalt ausgetragen wurden.

Zweimal kam es im Laufe des 19. Jahrhunderts zu Kriegen in und um Schleswig-Holstein. Die Stimmung war zunehmend aufgeheizt. Deutschgesinnte Schleswig-Holsteiner versuchten, sich von Dänemark abzusetzen, während dort die sogenannten Eiderdänen an Einfluss gewannen, die einerseits Holstein aufgeben, dafür aber andererseits ganz Schleswig bis an die Eider in das dänische Königreich aufnehmen wollten. Die einen also beriefen sich auf die alte Abmachung von 811, wonach die Eider die Südgrenze Dänemarks sei, während die anderen an das Ripener Privileg erinnerten, wonach Schleswig und Holstein »up ewich tosamende ungedelt« sein sollten.

In dieser Zeit entstand – irritierenderweise von einem Mann mit Namen Chemnitz gedichtet – das berühmte *Schleswig-Holstein-Lied:*

Schleswig-Holstein, meerumschlungen,
deutscher Sitte, hohe Wacht,
wahre treu, was schwer errungen,
bis ein schönrer Morgen tagt!

Das Lied wurde erstmals beim großen Sängerfest 1844 in Schleswig vorgetragen und entwickelte sich daraufhin zu einem nationalen Hit, der auch anderswo Gehör fand. Manchen allerdings gefiel der patriotische Ton, der darin angestimmt wurde, überhaupt nicht. Der junge Friedrich Engels etwa mokierte sich in einem Brief an Karl Marx über das »schauderhafte Lied« und parodierte es so: »Schleswig-Holstein, dumme Jungen, Schleswig-Holstein, Affenschand.«

1848 kam es zur sogenannten Schleswig-Holsteinischen Erhebung, bei der die Herzogtümer Schleswig und Holstein gegen das Königreich Dänemark aufbegehrten, zunächst unterstützt vom Deutschen Bund und von Preußen. Nachdem die Großmächte jedoch intervenierten und sich der Deutsche Bund zurückzog, stand das Schleswig-Holsteinische Heer allein gegen Dänemark und verlor. Das staatsrechtliche Ergebnis wurde in einer Londoner Konferenz der beteiligten Großmächte am 8. Mai 1852 besiegelt. Danach akzeptierten alle die Ansprüche des dänischen Gesamtstaates, also auch den Anspruch auf Schleswig; der Deutsche Bund behielt seine Ansprüche auf Holstein, aber der dänische König versicherte auch – und handelte damit entgegen den Wünschen der Eiderdänen –, Schleswig *nicht* in das Königreich zu integrieren.

Und wieder hielt ein Vertrag nur eine kurze Zeit. Die ungeklärten Probleme blieben ja bestehen, wurden teilweise sogar verstärkt, und alle Seiten arbeiteten hartnäckig auf eine weitere Eskalation hin. 1863 hielt der dänische König Christian IX. dem Druck der Eiderdänen nicht länger stand und nahm Schleswig ins dänische Reich auf. Ein weiterer Krieg stand ins Haus. Der große Strippenzieher Otto von Bismarck bereitete diesmal alles international vor, ohne zu erkennen zu geben, worin sein eigentliches Ziel bestand, nämlich sowohl Schleswig als auch Holstein für Preußen zu gewinnen. 1864 wurde erneut gekämpft. Dänemark verlor und musste vollständig auf beide Herzogtümer verzichten. Für kurze Zeit wurde danach Holstein von Österreich, Schleswig dagegen von Preußen verwaltet, doch kam es auch über dieses Arrangement zu einer weiteren Auseinandersetzung, die diesmal zwischen den beiden großen Staaten in Böhmen ausgetragen wurde.

Nach der österreichischen Niederlage wurde Schleswig-Holstein ganz im Sinne Bismarcks im Jahr 1867 eine preußische Provinz, was nicht unbedingt den Wünschen der nationalen deutschen Bewegung entsprach. Diese hatte sich eher eine Lösung vorgestellt, in der das Land unabhängig in den Deutschen Bund aufgenommen worden wäre. Das aber war mit Bismarck nicht zu machen, für den die Frage Schleswig-Holsteins letztlich eh nur ein Mosaiksteinchen der umfassenderen deutschen Einigung des Jahres 1871 war. Bismarck hatte weitaus Größeres im Sinn und kein Interesse, die »nationale Frage« insbesondere in Schleswig zu klären, das jetzt gewissermaßen ein umgekehrtes Problem hatte, denn die Bewohner Nordschleswigs, weitgehend dänisch gesinnt, fanden sich nun in einer preußischen Provinz wieder und waren verständlicherweise unzufrieden mit dieser Situation.

Es dauerte noch knapp 50 Jahre, bis man nach dem Ende des Ersten Weltkriegs, als der Matrosenaufstand in Kiel das letzte Kapitel des deutschen Kaiserreichs eingeläutet hatte, im Jahr 1920 mit einer Volksabstimmung in Schleswig einer Art von Lösung näherkam, die Aussicht auf

Langfristigkeit hatte. Das geschah durchaus nicht freiwillig. Diese Abstimmung war im Versailler Friedensvertrag von den Siegermächten vorgeschrieben worden, und noch einmal tobte der nationale Kampf auf beiden Seiten. Das Ergebnis ist der noch heute bestehende Grenzverlauf. Nordschleswig, in dem en bloc abgestimmt wurde, votierte für Dänemark, wodurch auch Städte wie Sønderborg/Sonderburg und Tønder/Tondern mit eigentlich deutscher Mehrheit zu Dänemark kamen; Südschleswig, in dem gemeindeweise abgestimmt wurde, votierte mehrheitlich für Deutschland.

Wie in anderen mit Zugehörigkeitsfragen beschäftigten Gegenden auch, waren die Nationalsozialisten in Schleswig-Holstein von Anfang an äußerst erfolgreich. Bei den letzten Reichstagswahlen 1933 kam die NSDAP auf über 53 Prozent der Stimmen, was ein gutes Stück über dem Reichsdurchschnitt lag. Als schließlich der Zweite Weltkrieg begann, blieb das Land weitgehend am Rand der Ereignisse. 1940 allerdings zog die Wehrmacht über die nördliche Grenze und besetzte von hier aus das benachbarte Dänemark, ein Umstand, der die Beziehungen vor allem aus dänischer Sicht verständlicherweise auf lange Zeit prägte. Schleswig-Holstein selbst war kaum Ort größerer kriegerischer Ereignisse. Der wichtige Marinestützpunkt Kiel wurde allerdings häufig Ziel von Luftangriffen, auch andere Städte waren betroffen, nicht zuletzt Lübeck, das im März 1942 als erste deutsche Stadt ein Flächenbombardement ihres historischen Kerns erfahren musste. Aus dem kalifornischen Exil erklärte Thomas Mann damals via Rundfunkansprache, dass es ihm um die Marienkirche, das Renaissance-Rathaus oder das Haus der Schiffergesellschaft in seiner Vaterstadt Lübeck schon leidtue. Von den Menschen, die betroffen waren, sprach er bewusst nicht. Stattdessen erinnerte er an die vorhergehenden Luftangriffe der Wehrmacht auf mehrere europäische Städte und sagte, er »denke an Coventry – und habe nichts einzuwenden gegen die Lehre, daß alles bezahlt werden muß«. Diese Worte haben ihm nicht wenige damals durchaus übel genommen.

In der letzten Phase des Krieges entwickelte sich Schleswig-Holstein zum Zielort für viele, viele Menschen, die aus unterschiedlichsten Regionen flüchten mussten. Die Zahl der Menschen, die über die Ostsee aus den von der Sowjetunion eroberten Ostgebieten ins Land kamen, schwankt zwischen 800 000 und 2,5 Millionen. Über 20 000 Menschen starben bei Schiffsuntergängen wie den tragischen Versenkungen des einstigen KdF-Dampfers und späteren Lazarett- und Evakuierungsschiffes *Wilhelm Gustloff* sowie des früheren Luxusdampfers *Cap Arcona* in der Lübecker Bucht, auf der sich nicht, wie von den britischen Bombern vermutet, Truppenverbände, sondern an die 7500 Häftlinge aus dem KZ Neuengamme befanden. Und selbst die letzte Reichsregierung unter Karl Dönitz und mit ihr zahllose NS-Kriegsverbrecher flüchtete gegen Ende ins noch nicht von den Alliierten besetzte Schleswig-Holstein, zunächst nach Plön, dann weiter nach Flensburg, von wo aus am 7. Mai 1945 über den »Reichssender Flensburg« das Ende des Krieges bekannt gegeben wurde.

Eine der Hauptaufgaben in der Nachkriegszeit bestand neben dem Wiederaufbau der Wirtschaft und der Städte zunächst vor allem in der Integration der Geflüchteten und Vertriebenen, die sich als schwierig und konfliktreich herausstellte. Die Einwohnerzahl Schleswig-Holsteins war von 1,6 Millionen im Jahr 1936 auf 2,7 Millionen im Jahr 1949 angestiegen, und die neuen Schleswig-Holsteiner wurden keineswegs mit offenen Armen willkommen geheißen. Auch die Beziehungen zum nördlichen Nachbarn Dänemark blieben angespannt. Erneute Versuche, die unklare Situation auszunutzen und noch einmal eine Änderung der Zugehörigkeit zu erwirken, scheiterten allerdings, einerseits an der britischen Besatzung, die daran kein Interesse hatte, andererseits an einer besonnenen dänischen Regierung.

Mitte der 50er-Jahre gelang es schließlich mit den Bonn-Kopenhagener Erklärungen, die Minderheitenfrage auf beiden Seiten der Grenze zu klären und eine zumeist als vorbildlich bewertete Lösung für die Region zu finden. Fortan verpflichteten sich beide Länder, das Bekenntnis zur jeweiligen Volkszugehörigkeit zu akzeptieren und alle Staatsbürger gleich zu behandeln. Das klingt, so hingeschrieben, eigentlich nach einer Selbstverständlichkeit, es hat aber Jahrhunderte gedauert, bis man so weit war. Bei Wahlen ist die Partei der dänischen Minderheit von der Fünfprozenthürde befreit. Der Südschleswigsche Wählerverband (SSW), der sich auch als Vertretung der friesischen Minderheit versteht, konnte deshalb stets Abgeordnete in den Landtag schicken und war zwischen 2012 und 2017 in der sogenannten Dänen-Ampel sogar an der Bildung der Landesregierung beteiligt. Ein einziger Vertreter dieser Partei sitzt seit dem Jahr 2021 und dem Gewinn eines Bundestagsmandates obendrein im Berliner Reichstag, weit hinten und fraktionslos, was für manche sicher wie ein schrulliges Kuriosum wirken mag. Es ist aber letztlich ein Zeichen einer funktionierenden Minderheitenpolitik, um die lange Zeit heftig gerungen wurde.

Und damit wären wir, geschichtlich gesehen, praktisch im Hier und Jetzt angelangt, von dem in diesem Buch ja hauptsächlich die Rede sein soll. Das Hin und Her für Schleswig-Holstein scheint, soweit im Moment zu erkennen, fürs Erste beendet zu sein.

Alle noch da? Und bei Verstand? Sehr schön. Dann kann es weitergehen …

Und unsern kranken Nachbarn auch
Von Herrenhäusern, Geestbauern und Mondnächten

Mareike Krügel

Es gehört zu den oft erzählten Legenden, dass im Garten von Gut Emkendorf westlich von Kiel Matthias Claudius das berühmte Gedicht *Der Mond ist aufgegangen* erdacht hat. Wenn man im Park des Herrenhauses steht, kann man es sich gut vorstellen: der Mond, der als große, anfangs noch goldene, dann mit der Zeit immer silbriger schimmernde Scheibe über den Hügeln auftaucht, während in den Senken der Nebel wabert. Vollmond muss es sein, obwohl im Gedicht ein halber Mond beschworen wird, aber angeblich wirken nur im Licht des Vollmondes bei nautischer Dämmerung die aufsteigenden Nebel weiß. Es ist noch sommerlich warm, die Kühle der Nacht schon deutlich zu spüren, aber niemand möchte an so einem Abend ins Haus gehen. Sie alle – wer genau, ist nicht klar, aber immerhin bittet Claudius: »Lass *uns* ruhig schlafen« – sitzen stumm und von der Schönheit der Natur überwältigt im Park hinter dem Herrenhaus, und vielleicht deklamiert Claudius mit leiser, eindringlicher Stimme. Die Frauen in schönen, faltenreichen Kleidern seufzen, die Männer zupfen an ihren weißen Strümpfen, damit man das verräterische Glänzen in ihren Augen nicht sieht. Am Ende wird Claudius so leise, dass man ihn kaum noch hört, und er beendet das Gedicht wie ein Gebet: »Verschon uns, Gott, mit Strafen, und lass uns ruhig schlafen. Und unsern kranken Nachbarn auch.«

Und wenn man in seiner Fantasie an diese Stelle kommt, schaut man sich um und stellt fest, dass es gar keinen Nachbarn gibt.

Natürlich gab es seinerzeit den nächsten Adeligen im nächsten Gutshaus, ein paar gigantische Felder entfernt. Es wohnten Menschen in den mickrigen Häuschen, die auf dem Gelände des Guts standen und Landarbeiter, Gärtner, Haushälterinnen beherbergten. Nachbarn waren das jedenfalls nicht. Aber der Begriff muss anders gemeint sein, im biblischen Sinn, als der Nächste. Wie auch in der Zeile des Vaterunsers, in der man Gott um tägliches Brot bittet, was aber natürlich auch auf Nudeln, Pfannkuchen oder Müsli zu beziehen ist.

Halten wir also fest: Ein Gutsherr hatte keinen Nachbarn. Und ob er zu Claudius' Zeiten einen Nächsten hatte, den er hätte lieben können wie sich selbst, darüber kann man gern philosophieren.

Tatsächlich hat Matthias Claudius – das hat die Forschung inzwischen nachgewiesen – das berühmte Gedicht nicht auf Gut Emkendorf geschrieben. Es erschien Jahre vor seinem ersten Besuch dort in einer Zeitschrift. Vielleicht aber hat er es dort rezitiert. Denn von 1783 an traf sich für einige Jahrzehnte auf dem Gut ein illustrer Kreis von Dichtern und Denkern. An dieser Stelle kann ich mir die weibliche Bezeichnung mit gutem Gewissen sparen, denn zwar war die Hausherrin Juliane von Reventlow – kränkelnd und blass, wie es sich gehört – eine wichtige Figur in Erhalt und Durchführung dieses Salons, aber die Gäste waren in überwiegender Zahl männlich. Dozenten der Universität in Kiel fuhren zum Feierabend nach Emkendorf, um dort tiefgründige Gespräche zu führen, Theaterstücke einzustudieren oder Vorträge zu hören. Dichter und Schriftsteller kamen und blieben wochenlang. Klopstock natürlich, der war ja überall, und in seinem Fahrwasser eine ganze Schar von Verehrern und Nachahmern. Goethe war zunächst begeistert, später äußerte er sich abwertend über den Emkendorfer Kreis, was ihm gelegentlich als Neid ausgelegt wurde.

Tatsächlich lenkte das Ehepaar von Reventlow auf Emkendorf die politische Ausrichtung des Salons durch die Auswahl der Gäste, und in der tiefen Provinz, die das heutige Kieler Umland aus europäischer Sicht damals darstellte, war man sehr auf den Erhalt des Status quo bedacht und betrachtete die Veränderungen in Frankreich nach anfänglicher Neugier bald mit großer Sorge. Wer sich zu sehr für die Französische Revolution begeisterte, wurde kein zweites Mal nach Emkendorf gebeten. Der Teil des heutigen Schleswig-Holsteins gehörte damals zu Dänemark, das sich in den Kriegen und Konflikten der Zeit neutral verhielt und damit genau dieser Region einen erstaunlich stabilen Frieden ermöglichte, der sich auch wirtschaftlich niederschlug. Kurz: Auf Emkendorf war die Welt noch in Ordnung. Eine stille Kammer, wo man des Tages Jammer verschlafen und vergessen konnte. Und der kranke Nachbar war weit, weit weg.

Vermutlich hat es also wirklich genauso ausgesehen, wie man es sich vorstellt: Mond über dem Wald, Männer in weißen Strümpfen und rezitierende Dichter.

Der Grund, weshalb die Fantasie so bunte Bilder malen kann, liegt darin, dass die Güter in Schleswig-Holstein beinahe ausnahmslos großartig erhalten sind und auch heute noch aussehen wie die Schlösser, die sie einmal waren. Kein Krieg hat sie demoliert und zur Ruine gemacht, keine Plünderung hat sie ihrer Kunstschätze beraubt, und keine Enteignung hat ihre Funktion neu definiert. Sie sind bis heute bewohnt und im Privatbesitz, und wer denkt, solch ein Gut wäre doch eine hübsche Unterkunft für einen ehemaligen Tennisprofi, der nicht weiß, wohin mit seinem Geld, oder für eine erfolgreiche Autorin, die die Einsamkeit schätzt, der wird sich wundern zu erfahren, dass diejenigen, die diese Prunkhäuser bewohnen, in der Regel noch immer Adelige sind.

Als Kind habe ich mehrmals die Herbstferien auf Gut Ludwigsburg in der Landschaft Schwansen – zwischen Schlei und Eckernförder Bucht gelegen – verbracht. Auch in diesem Fall löst die Bezeichnung »Gut« womöglich nicht die richtigen Assoziationen aus. Das Gutshaus von Ludwigsburg ist genau genommen ein kleines Wasserschloss. Und neben den Einnahmen aus der Verpachtung der Ländereien, der Forstwirtschaft und den kleinen Gästen, die ihre Reiterferien dort verbrachten, gab und gibt es eine stolze Araber- und Trakehnerzucht.

Wir Ferienkinder wohnten im Torhaus, dem Gebäude, das zwischen Herrenhaus und Straße eine Art Schutzmauer bildete und durch das man hindurchfahren musste, wenn man überhaupt einen Blick auf die Pracht dahinter werfen wollte. Es war uns streng verboten, die teuren, preisgekrönten Zuchthengste zu stören, die in einem Extrastall untergebracht waren, aber es war viel zu verlockend, und wir besuchten sie dennoch. Sie hatten edle Namen, waren nervös und unberechenbar und in meinen Reitkinderaugen so wunderschön, dass ich es kaum fassen konnte. Der Gutsherr, der stets freundlich grüßte, wenn er auf dem Weg über seinen Besitz einem Ferienkind begegnete, sah aus wie ein Raubritter (was lediglich heißt, dass er einen Bart trug und außerdem natürlich Reitstiefel aus Leder), und einmal sah ich ihn auf einem der nur halbwegs zugerittenen Zuchthengste sitzen, der just in dem Moment einen Schreck bekam, wieherte und stieg – ein Anblick wie aus einer Ballade.

Als ältere Schülerin verbrachte ich mehrere Wochenenden auf Gut Hohenstein, ebenfalls in Schwansen gelegen, einem Gut, das in seiner Anlage mehr einem Großbauernhof ähnelte. Ich war Mitglied einer Schultheatergruppe, die ihre finalen Proben vor der großen Premiere in der ländlichen Abgeschiedenheit durchführte. Am Nachmittag hatten wir Freizeit, und die verbrachte ich, satt von sozialen Kontakten, am liebsten im nahe gelegenen Wald. Ich wanderte herum, oft über eine Stunde lang. Und verließ doch nie das Grundstück von Hohenstein.

In Vogelsang, einer kleinen Gemeinde unweit von Gut Damp, das sich – ebenso wie seinerzeit Emkendorf – im Besitz der Familie Reventlow befindet, gibt es einen ansehnlichen Wald mit gepflegten Spazierwegen. An einer Stelle findet man einen Denkmalsplatz, ein Familiengrab der Adeligen von Damp. Dort kann man einen Moment auf einer Bank sitzen und über die Vergänglichkeit nachdenken. Oder darüber, dass man sich auf Privatbesitz befindet, dessen Eigentümer es einem großzügig erlauben, in ihrem schönen Wald spazieren zu gehen.

Ein Nachbar derer von Damp – wir erinnern uns: nächster Adeliger, mehrere Hektar Land dazwischen – ist der Prinz von Schleswig-Holstein-Sonderburg-Glücksburg, dem das Gut Grünholz gehört, und er wird übrigens mit »Hoheit« angesprochen. Das weiß ich, weil Jan ihn einmal getroffen hat und ihm dabei offiziell vorgestellt wurde. Während die anderen Anwesenden sich vor Eintreffen der Hoheit laut Gedanken machten, welche Anrede, welche Begrüßung, welche Geste angemessen wäre (ein Knicks womöglich?), blieb Jan gelassen, denn er wusste ja, dass es in Schleswig-Holstein eine Lösung für alle Begrüßungsprobleme gibt. Als der Prinz vor ihm stand, reichte er ihm die Hand und sagte »Moin«.

Ganz so einfach ist es aber in den meisten Fällen doch nicht. Denn die Ritterschaft im nördlichsten Bundesland lässt sich nicht gern mit Großbauern verwechseln, auch wenn ihre Mitglieder es im Grunde genommen fast alle sind, weil die Forstwirtschaft – die typische Einnahmequelle der Adelsfamilien in Deutschland – zwischen Nord- und Ostsee ein mageres Geschäft ist. Noch immer treffen sich die Ritter (die schleswig-holsteinischen Uradelsfamilien – *Equites originarii* genannt – sind hier seit dem Hochmittelalter ansässig) regelmäßig in der Landeshauptstadt, um ihre Haltungen zu besprechen. Noch immer können höhere Töchter in den ehemaligen Klöstern des Landes Konventualinnen werden, auch wenn sie nicht mehr unter den Nonnen leben müssen, wie es früher der Fall war, als man auf diese elegante Weise verhinderte, dass der Erbbesitz der unverheirateten Adelstöchter dem Gesetz entsprechend eingezogen wurde. Ihr Erbe wurde vom König einkassiert, es sei denn, sie waren »versorgt«, wenn nicht durch Heirat, dann eben als Konventualin in einem Kloster. Noch immer gibt es Internate, deren Schulgeld so exorbitant hoch ist, dass man dort keine Sorge haben muss, auf allzu viele sozial schwächere Kinder und Jugendliche zu treffen. Noch immer gehören Ländereien der Marsch ganz im Westen Adeligen, die ihren Wohnsitz im Östlichen Hügelland haben, und noch immer steht an vielen prunkvollen Toren, hinter denen sich sehenswerte Parks und Gärten verbergen, herrliche Schlösser und Kulturdenkmäler, ein Schild mit der Aufschrift: »Privatbesitz. Betreten verboten«.

Überhaupt gilt für weite Teile der schönen Landschaft hier im Norden: gucken ja, anfassen nein. Den Mond wie einst Claudius über den sanften Hügeln aufgehen sehen, zuschauen, wie die Sonne hinterm Deich am Abend in ihrem eigenen Licht zerschmilzt, während die Möwe nun ans Haff fliegt und über den feuchten Watten – wie schon zu Zeiten Theodor Storms – der Abendschein spiegelt, das alles ist für Normalsterbliche jederzeit zu haben. Aber wehe, man möchte einfach durch die Landschaft streifen, ohne dass man sich in einem Naturpark befindet.

Wenn Sie in einem der beschaulichen Seen der Holsteinischen Schweiz baden, sehen Ihnen mit Sicherheit Kühe über einen Elektrozaun hinweg zu, denn die Weiden gehen an vielen Stellen bis ganz ans Wasser. Jeder Zentimeter Boden wird landwirtschaftlich genutzt. Das hat inzwischen solche Ausmaße angenommen, dass man die Verantwortlichen entweder zwingt oder mit Anreizen lockt, die kleinen Biotope in den Senken auf den Feldern für die brütenden Vögel zu schonen oder zwischen den Feldern Blühstreifen anzulegen, damit die Bienen nicht vor Erschöpfung zusammenklappen, wenn sie von einer Nahrungsquelle zur nächsten fliegen.

Mehrere Jahre lang wohnten wir direkt an einem großen Feld, nur ein Maschendrahtzaun markierte, wo unser Garten begann. Wurde Glyphosat ausgebracht, färbte die abgestorbene Vegetation auf dem Feld sich leuchtend orange. Direkt vor unserem Drahtzaun verlief eine Farbgrenze, die ziemlich lustig aussah. Die Früchte der Himbeeren, die im Sommer an unserem Zaun hochwuchsen, mochten wir trotzdem nicht essen. In einem Herbst wurde ein gigantischer dampfender Misthaufen vor unserem Garten abgeladen, der dort blieb, bis es im Frühjahr Zeit wurde, ihn unterzupflügen. Wir schauten monatelang zu, wie die Sonne abends in schönsten Farben hinter einem Misthaufen unterging. War Mais die Frucht der Saison, konnten wir spätestens im August die Sonnenuntergänge gar nicht mehr sehen, weil vor unserem Garten eine übermannshohe Wand aus grünen Halmen stand. In einem besonders nassen Ernteherbst waren die Straßen so von Schlamm verdreckt, den die Profile der Landmaschinen mitgebracht hatten, dass der Schulbus auf ihnen ins Rutschen geriet und im Graben landete. Wenn man in Schleswig-Holstein lebt, dann lebt man selten mitten im Grünen. Man lebt fast immer mitten in der Landwirtschaft.

Und die ist alles andere als romantisch. Auch wenn man noch immer auf dem Weg quer und längs durch den Norden an Weiden voller friedlich wiederkäuender, schwarzbunter Kühe vorbeikommt oder auf Deichen und sanften Hügeln Schafsherden weiden sieht, so bleibt doch vieles, das die Welt der Landwirtschaft am Laufen hält, unsichtbar oder für Uneingeweihte schwer zu interpretieren. Zuckerrüben oder Hafer können genauso in die Biogasanlage wandern wie der viel gescholtene Mais. Ein Feld voller wogender Ähren ist oft nicht das, was es zu sein scheint – aus Körnern wird schon lange nicht mehr unbedingt Brot. Und die typischen Tiere, die von Grundschulkindern im Sachunterricht auf Ausmalbildern bunt koloriert werden, verstecken sich in langen, flachen Ställen, die oft genug so in die Landschaft gebaut sind, dass man sie von den Straßen aus gar nicht bemerkt. Erst wenn es einen Skandal gibt, eine Seuche, einen Brand, hört man von ihnen, und die pure Anzahl der Tiere, von denen dann die Rede ist, lässt die hübschen Bauernhofbilder unserer Fantasie wie Seifenblasen zerplatzen. Damit ein landwirtschaftlicher Betrieb rentabel ist, braucht er viele Tiere. Sehr viele. Und viel, viel Fläche, um die Tiere zu ernähren. Da ist ein Blühstreifen unter Umständen schon ein finanzieller Verlust.

Was nicht als Acker- oder Weideland taugt, kann eine Windkraftanlage tragen. Denn Wind gibt es hier immer. Aber auch die Solarfelder werden mehr. Die Leute auf den Höfen sind es gewohnt, sich etwas einfallen zu lassen. Sie errichten eigene Biogasanlagen, modernisieren ihre Ställe, indem sie Melkroboter einbauen, verkaufen ihre Gülle nach Mecklenburg, wo die Felder zu groß sind, um noch nach dem altbewährten Ackerbau-und-Viehzucht-Kreislauf eines ursprünglichen Bauernhofs versorgt werden zu können.

Findig muss man sein, wenn man heutzutage mitmachen möchte beim rentablen Landbau. Im Grunde muss man noch immer den Teufel austricksen, genau wie der Bauer vom Roten Haubarg auf Eiderstedt, der den Hahn wach schüttelte, bevor der Teufel das hundertste Fenster einsetzen und seine Seele holen konnte: sich die richtigen Subventionen sichern, schlau investieren, sich verschulden und immer weiter verschulden und sich durch viele Standbeine absichern. Immer wieder schneller sein als der Teufel. Oder eben doch seine Seele verkaufen.

Denn an allen Fronten muss man kämpfen: Die Preise werden niedriger, das Wetter unberechenbarer, die Regularien komplizierter, die Veganer aus den Großstädten schreiben Hasstiraden in die Gästebücher der Internetseiten, die viele Höfe inzwischen betreiben, um ihre zweiten Standbeine im Tourismus oder der Direktvermarktung zu bewerben, die Windkraftgegner gründen Bürgerinitiativen. Der Nachwuchs will den Hof nicht mehr übernehmen, die Lohnarbeiter müssen von immer weiter hergeholt werden, die Böden geben nichts mehr her, und mit der schieren Menge der Tiere und der Größe des Ackerlandes steigt das unternehmerische Risiko ins Unermessliche. Und schlimmer als alles ist die sinkende Achtung, mit der die übrige Bevölkerung einem begegnet. Das ist in Dithmarschen genauso wie in Lauenburg, und auch wenn der schon zitierte Wahlspruch der stolzen Friesen »Lewer duad üs Slav« davon kündet, dass Leibeigenschaft, Gutsherrenart – ein Deichgraf war niemals ein echter Graf – und Fremdbestimmung nicht in gleichem Maß Teil ihrer Geschichte sind wie in den übrigen Gebieten Schleswig-Holsteins, so ist doch Nordfriesland nicht weniger von dieser Entwicklung betroffen.

In fast allen Dörfern der Marsch, der Geest, des Östlichen Hügellandes zeichnet sich ein Paradigmenwechsel ab, wenn man in die kleinen politischen und gesellschaftlichen Zellen schaut: Die Bürgermeister waren seit jeher die Großbauern. Oder die guten Freunde der Großbauern. Die Bierbänke, auf denen man beim Dorffest saß, während die Mitglieder der freiwilligen Feuerwehr für alle grillten, standen, wenn sie gerade nicht benutzt wurden, in den Mehrzweckhallen der Bauern. Die Osterfeuer fanden auf deren Land statt, sie spendeten die Maibaumstangen und den großen Weihnachtsbaum auf dem Dorfplatz. Im Gegenzug holte man, ohne zu murren, die Wäsche ins Haus, wenn Gülle gefahren wurde. Und wollte der Bauer etwas nicht, dann wurde das im Gemeinderat auch nicht beschlossen. Dass sich das verändert, dass man als Landwirt oder Landwirtin – denn wenn ich von der Vergangenheit schreibe, kann ich die weibliche Bezeichnung getrost weglassen, nicht aber in der Gegenwart, wo immer mehr Betriebe von Frauen geleitet werden – immer öfter das Gefühl hat, als Umweltsünder, Geizhals, Tierquäler angesehen zu werden, ist für viele bitterer als alle Kröten, die womöglich durch EU-Vorgaben zu schlucken sind.

Etwas wird hier auf den Kopf gestellt, etwas Uraltes. Es geschieht überall, dass die Gesellschaft sich verändert, aber da, wo die Regionen ohne Industrie, ohne Großstädte sind, zeigt es sich auf andere Art. Viel Land zu besitzen ist nicht mehr das, was einem Einfluss garantiert. Und dort, wo Tourismus als Wirtschaftsfaktor die Landwirtschaft überholt, sind Gülle, Monokulturen, Schweinemast und verschmutzte Straßen auf einmal ein Problem. Wo Idylle gesucht wird, ist ein Maisfeld, das mit mehreren gigantischen Häckslern gleichzeitig stundenlang dröhnend abgeerntet wird, genauso unpassend wie ein Roboterstall für Hochleistungsmilchkühe. Ein Verschlag, in dem die unrentablen männlichen Kälber des Milchviehs vor sich hin vegetieren, bis sie alt genug sind, um für einen lächerlichen Betrag als Schlachtvieh verkauft zu werden, ist für Touristenkinder ähnlich schwer zu ertragen wie die Erklärung, dass süße Küken geschreddert werden, weil es sich nicht lohnt, sie durchzufüttern.

In Großstädten mag die Diskussion schon lange geführt werden, wer sich informiert und überregionale Medien konsumiert, hat das alles lange kommen sehen. Konventionelle Landwirtschaft scheint out zu sein. Die Klimabewegung, der Ruf nach Tierwohl, ökologischem Landbau, dem Verbot gesundheitsschädlicher Pestizide sind seit Jahrzehnten laut zu vernehmen. Geändert hat sich allerdings vor Ort wenig. Wie auch, wenn die Umstellung eines Betriebes auf alternative Landwirtschaft lange dauert und man in dieser Zeit zwar die Mehrkosten, nicht aber den Gewinn hat? Im nördlichsten Bundesland machen Biohöfe gerade mal sechs Prozent aller landwirtschaftlichen Betriebe aus. Nur etwa sieben Prozent beträgt die Steigerung von einem Jahr zum nächsten. Von einem großartigen Trend lässt sich da nicht gerade sprechen. Und die Partei Die Grünen erzielt seit Jahren immer vor allem dort gute Ergebnisse bei den Landtagswahlen, wo der Tourismus wichtig ist, wo die Schönheit der Landschaft, die Segelreviere, die Nähe zu Kulturorten und Städten eine Rolle spielen. Wo die Grundstückspreise seit Jahren steigen.

Dort aber, wo das Grundwasser vor zu viel Dünger und Gülle stets die Grenzwerte für Nitratbelastung nur knapp einhält, wo die Windräder so dicht stehen, dass man, egal, in welche Richtung man schaut, immer mindestens ein Flimmern im Augenwinkel hat, wo der Nachwuchs wegzieht und die leeren Häuser jahrelang zum Verkauf stehen, dort erhoffen sich die Wählerinnen und Wähler das Beste von der CDU oder (eher konservativen) Wählergemeinschaften.

Das Denken ändert sich auf dem Land langsamer, die Realität hinkt der politischen Vision stets weit hinterher. Für manche Neuerung braucht es einen Generationenwechsel, und der geht in der Landwirtschaft nicht so vonstatten wie in anderen Bereichen. Zwar übernimmt eine Tochter womöglich offiziell den Hof, die Eltern aber bleiben dort, packen mit an, reden mit rein. Eine Entscheidung für Neues suggeriert dann oft eine Abwertung des Althergebrachten. Änderungen in der Landwirtschaft müssen subtilere Hindernisse überwinden als die in anderen Branchen.

Und so ist es trotz allem eine eher neue Entwicklung, dass die konventionelle Landwirtschaft vielen als Bremse für die Region erscheint. Bockige Bäuerinnen und Bauern werden als Übel identifiziert. Und ein bärtiger Balladenheld, der in Lederstiefeln auf einem Zuchthengst reitet, wird nach und nach auch bei einem ehemaligen Reiterferienkind zu einem Bild von veralteter maskulinistisch-patriarchalischer Struktur. Wer einmal ein Video über die Gewinnung von Bullensamen für die Rinderzucht gesehen hat, muss sich auf die Zunge beißen, wenn er das eigene Kind dabei beobachtet, wie es Bauernhofbilder anmalt, auf denen Hühner unter grasenden Ponys durchwackeln, während nebenan drei Schweine entspannt in der Suhle herumhängen.

Von Gut Roest bei Kappeln an der Schlei erzählt man die Geschichte, dass im 17. Jahrhundert der Gutsherr in Konstantinopel in Gefangenschaft geriet. Die Bewohner der ganzen Gegend legten zusammen, um ihn auszulösen. Kaum war er wieder zurück, nötigte er alle, ein Dokument zu unterschreiben – mit der Unterschrift würden sie zu Leibeigenen werden. Offenbar erschien ihm das System praktisch, denn die Menschen würden für ihn arbeiten, ohne dafür bezahlt zu werden. Einige Familien weigerten sich. Der Gutsherr bat sie daher freundlich, ihre Häuser, die auf seinem Grund standen, zu verlassen. Vielleicht bat er auch nicht ganz so freundlich, wer weiß. Jedenfalls kamen die Familien seiner Bitte nach, packten ihre Siebensachen, ließen zurück, was sie nicht tragen konnten, und siedelten sich ein paar Kilometer weiter auf einer Insel in der Schlei an. Dort gründeten sie einen neuen Ort, der 1934 das Stadtrecht bekam und bis heute die kleinste Stadt Deutschlands ist: Arnis.

Die Zeiten waren eben so, man muss das mit der eigenen modernen Prägung nicht unbedingt nachvollziehen können. Aber die Vorstellung, mit Kind und Kegel mein Heim verlassen zu müssen, weil ich mich und alle meine Nachkommen nicht offiziell verkaufen möchte, lässt mich ganz und gar nicht kalt. Man male sich die Ausweglosigkeit der Situation aus: Ich kann mein Haus nicht verkaufen, ich kann den Grund, auf dem es steht, nicht selbst erwerben. Ich kann mich und meine Kinder nicht versorgen, keinen Gewinn erzielen, kein Vermögen ansparen, nichts von Belang selbstständig entscheiden, die Situation nicht verändern, weder kurzfristig noch auf lange Sicht. Alles hängt von der Gunst, der ökonomischen Klugheit, dem Interesse des Gutsherrn ab.

Es ist kein Wunder, dass mit der gesetzlichen Abschaffung der Leibeigenschaft im 19. Jahrhundert in Schleswig-Holstein die Landwirtschaft zu florieren begann. Und doch kann man bis heute nicht durch Schleswig-Holstein fahren oder wandern, ohne überall die Spuren dieses Systems zu erkennen. Die Aufteilung der Felder, die Struktur und Lage der Dörfer, ja sogar der Verlauf der Straßen erzählen von der großen Schere, die damals zwischen den Gesellschaftsschichten klaffte. Fährt man von Kappeln nach Süderbarup, gibt es auf der ansonsten schnurgeraden Bundesstraße eine einzige nennenswerte Kurve. Sie umrundet auf geradezu skurrile und leider bei hohen Geschwindigkeiten auch nicht ungefährliche Weise das Gut Dollrott, sodass es wirkt, als wäre der Hof mitten auf die Straße gebaut worden.

Vielleicht entspringen ein winziger Anteil des Unmuts, den die Dörfler in Schleswig-Holstein heutzutage gegenüber den Zumutungen der Landwirtschaft verspüren, und ein Quäntchen des Unverständnisses, das die Landwirte wiederum ihnen entgegenbringen, dieser alten Struktur, die durch ihre subtile Sichtbarkeit für immer in die Landschaft eingeprägt ist. Die Bewohner sind es gewohnt, Platz zu machen, die Landwirte hingegen – diejenigen jedenfalls, die sich halten konnten über die Jahrhunderte – mussten stets groß denken.

Wer sich Schleswig-Holstein aus der Luft anschaut, der sieht deutlich den Stempel, den Landwirtschaft und Grundbesitz der Natur aufgedrückt haben. Die schönen Knicks im Östlichen Hügelland sind ja in Wirklichkeit nichts anderes als Erosionsbremsen und Feldbegrenzungen. Die Köge der Westküste, die schnurgeraden Entwässerungsgräben, in denen sich der weite Himmel so wunderschön spiegelt, die Deiche – wem dienen sie, wenn nicht Ackerbau und Viehzucht? Die kleinen Straßen zwischen den Knicks, die manchmal ganz unverhofft rechtwinklig abbiegen – auf welchen geheimen Pfaden verlaufen sie, wenn nicht auf den alten Flur- und Feldwegen? Die kleinen Dörfer, die Siedlungen, in denen es keine Bäckerei, keine Volksbank, keinen Imbiss gibt – was waren sie jemals anderes als Schlafstätten für Landarbeiter oder Bedienstete, in Fußlaufweite zum Hof oder Gut oder Schloss?

Die Güter und Schlösser der Ostseeküste, die prunkvollen alten Höfe der Westküste mit ihren Küchen voller Delfter Kacheln aber zu besichtigen lohnt sich zu jeder Zeit. Ahrensburg, Eutin, Husum, das Wasserschloss in Glücksburg, das märchenhafte Schloss Plön, das hoch über Stadt und Seen thront, die Haubarge auf Eiderstedt auf ihren Warften, die Klöster Cismar und Uetersen, in deren Parks und Gärten im Sommer Kulturveranstaltungen stattfinden … Ein ganzes Leben kann man damit zubringen, diese Orte zu besuchen und zu besichtigen und die kulturellen, architektonischen und handwerklichen Errungenschaften der Menschheit zu feiern. Aber es ist schwer, davorzustehen und nicht zu begreifen, welche im Grunde ungeheuerliche Geschichte diese Gebäude erzählen. Eine aktuelle Geschichte, keine vergangene, über eine Gesellschaft, die sich trotz Internet, Europäischer Union und Globalisierung noch immer in jenem Zeitalter befindet, das seinen Anfang nahm, als die ersten Wehrburgen entstanden und mit ihnen die ersten Burgherren auftraten.

Und doch bin ich ihnen unendlich dankbar, den Großgrundbesitzern und ihren kränkelnden Frauen des 18. Jahrhunderts. Denn selbst wenn es nicht Gut Emkendorf war, das Matthias Claudius zu seinem Mond-Gedicht inspirierte, so muss es doch ein vergleichbar schöner Ort gewesen sein. Claudius muss Muße gehabt haben, eingeladen und ausgehalten von reichen Kulturförderern, es muss Stille geherrscht haben um ihn, Stille und Weite und eine Landschaft, in der das Auge frei schweifen konnte. So wie es auch heute noch an Sommerabenden im ländlich gebliebenen, im großbauerngeprägten Schleswig-Holstein der Fall ist, wenn der Wald im Hintergrund schwarz und schweigend steht und aus den Wiesen der weiße Nebel wunderbar steiget, auch wenn sie heute eben in den meisten Fällen Rüben- oder Gerstenfelder sind. Aber das macht sie an solch einem Abend nicht weniger schön.

Rüm Hart – klaar Kimming

Go West! Die Nordseeküste mit ihren Halligen und Inseln

Jan Christophersen

Schon seit Ewigkeiten will ich da hin: nach Helgoland. Weit draußen in der Nordsee gelegen, knapp 50 Kilometer von der schleswig-holsteinischen Westküste auf Eiderstedt entfernt, etwa vier Quadratkilometer groß – wobei da auch Meeres- und Hafengebiete mit eingerechnet sind –, eine überschaubare Anzahl an Häusern, bunte Hummerbuden im Hafen, Ober- und Unterland, dann natürlich der Lummenfelsen mit der Steilküste und der berühmten vorgelagerten Langen Anna, ringsum Meer, nichts als Meer. Das klang verlockend. Obendrein habe ich gelesen, dass Heinrich Heine nach einem Besuch auf der Insel der Ansicht war, der Himmel dort hänge »voller Violinen« und die See dufte »nach frischgebackenem Kuchen«. Vielversprechende Aussichten. Zudem ist die Insel lange schon für Mareike als treue James-Krüss-Leserin ein Sehnsuchtsort. Unser Sohn hat seinen zweiten Vornamen letztlich dem Alter Ego dieses berühmtesten Bewohners der Insel zu verdanken, der in den Erzählungen aus *Mein*

Urgroßvater und ich als junger Boy zusammen mit dem alten Boy auf der Insel um die Wette dichtet.

Als ich dann die lange anvisierte Helgolandfahrt endlich in Angriff nehmen will, muss Mareike bedauerlicherweise auskneifen. Sie verträgt keine Schifffahrt, die länger als eine halbe Stunde dauert, und selbst dann nur unter Einsatz von Medikamenten, autogenem Training und sturem Geradeausstarren auf den hoffentlich sichtbaren Horizont. Deshalb sind wir nur zu dritt von unserem Wohnort an der Ostseeküste aufgebrochen, meine achtjährige Tochter, der 14-jährige Sohn und ich. Frau und Hund müssen zu Hause bleiben, können aber zumindest virtuell über Messages, Fotos und Kurzvideos teilnehmen, die wir den ganzen Tag über schicken. Handyempfang ist selbst auf hoher See die ganze Zeit über gegeben.

Go West! Von Küste zu Küste. Die Landschaft wird, je weiter nach Westen wir kommen, zunehmend flacher. Die Zahl der Windräder nimmt dagegen proportional zu den gefahrenen Kilometern zu. Irgendwann verschwinden die Bäume. Unsere Fahrt führt schließlich am Deich entlang über den Hauke-Haien-Koog, ein Vogelschutzgebiet mit zwei großen Süßwasserspeichern, das vielen Vogelarten als Rast- und Brutplatz dient. Im Frühjahr und Herbst kommen jedes Jahr Tausende Gänse hierher; Alpenstrandläufer, Säbelschnäbler und Seeschwalben sind hier zu Hause. Als Storm-Leser muss ich die Kinder natürlich darauf hinweisen, dass der im *Schimmelreiter* beschriebene Koog, den der Deichgraf Hauke Haien erschließen lässt, eigentlich ganz woanders liegt, weiter südlich nämlich bei Husum: der Nie-Koog. Der Hauke-Haien-Koog heißt nur nach der berühmten Novellenfigur. Beide Kinder nicken zu meiner Erklärung. Das

Star-Wars-Hörspiel, das seit unserem Aufbruch über die Autoanlage läuft, interessiert sie erkennbar mehr.

Unser erstes Ziel heute ist Dagebüll. Dort soll die Schiffsreise starten, die uns nach Helgoland bringen wird. Man kann natürlich auch von woanders aus zur Insel gelangen, von Büsum etwa oder von Hamburg oder Cuxhaven. Viele Wege führen nach Helgoland. Und es zeigt sich schon am Schiffsanleger: Wir sind nicht allein. Eine stattliche Anzahl von Passagieren sammelt sich im Hafen, in diesem Jahr 2021 coronakonform maskiert und Abstand haltend, und verteilt sich auf die verschiedenen Fähren, die hier ablegen. Wir haben Karten für die *Rüm Hart,* ein eher kleines Schiff, das uns über Föhr zunächst nach Amrum bringen wird. Dort werden wir umsteigen müssen.

Kaum haben wir einen Platz auf dem Oberdeck ergattert, ist Zeit für die nächste beiläufige Lektion für die Kinder. Es geht um den Schiffsnamen: *Rüm Hart.* Dabei handelt es sich um die erste Hälfte des friesischen Wahlspruchs »Rüm Hart – klaar Kimming«, was übersetzt in etwa bedeutet: »Weites Herz – klarer Horizont«. Mit diesem Spruch haben friesische Seeleute einst ihre Weltläufigkeit sprachlich auszudrücken versucht, durchaus lyrisch gekonnt. Aber es waren auch wirklich weit reisende Menschen, die es als Seefahrer, Walfänger und Robbenjäger von den Inseln in alle Himmelsrichtungen der Welt geführt hat, vor allem nach Grönland und Spitzbergen, wo bis zum Anfang des 19. Jahrhunderts Jagd auf den Grönlandwal gemacht wurde. Ein übles Geschäft, blutig, gefährlich, stinkend und verheerend für die wundervolle Tierart.

Eine ganze Zeit lang konnten die Menschen auf den Inseln, den Halligen und an der Westküste ausgesprochen gut von der Jagd leben, was unter anderem die prunkvollen Grabsteine auf den Inselfriedhöfen unter Beweis stellen. Übrigens haben die Frauen damals, ganz emanzipiert, in den Monaten, in denen ihre Männer unterwegs waren, selbstverständlich zu Hause alles am Laufen gehalten, haben die Felder bestellt, die Kinder großgezogen und – denke ich mir – kräftigen Tee gekocht sowie Friesenwaffeln gebacken, die mit Pflaumenmus und dicker Schlagsahne versehen wurden. Später dann sind viele Föhrer und Amrumer nach Amerika ausgewandert. Die Koch- und Backkünste der Insulaner – zur Erinnerung: Friesenwaffeln und Friesentorten! – waren in Amerika durchaus gefragt.

»Rüm Hart – klaar Kimming!« Die Kinder mögen den Spruch. Wir üben ihn mehrere Male und rufen ihn dem Wind entgegen, der jetzt aufzieht. Obwohl Wind zu nett ausgedrückt ist. Es handelt sich schon eher um einen kleineren Sturm, mit dem wir es, kaum im Fahrwasser, zu tun bekommen. Wir aber sind guter Dinge und lassen uns das Geschaukel unbeschwert gefallen. Einige windzerzauste Fotos gehen nach Hause.

Links – oder wie die Seeleute es nennen: backbord – sind die Warften und Häuser auf den Halligen Oland und Langeneß zu sehen. Ich schreibe diese Wörter »Warft« und »Hallig« hier so selbstverständlich hin, bin mir jedoch bewusst, dass nicht jeder mit ihnen etwas anzufangen weiß. Deshalb ganz schnell, wie etwa meine Tochter es erklärt hätte: Eine Hallig ist eine Marschinsel, die bei Sturmfluten überspült werden kann. »Landunter« heißt das. Die Halligen sind nicht oder nur wenig durch Deiche und dergleichen geschützt. Das ist mit Absicht so. Wenn eine Hallig nämlich landunter hat, setzen sich Schwebstoffe aus dem Meerwasser ab, was dazu führt, dass die Halligen über kurz oder lang mit dem Wasseranstieg wachsen können. Ein durchaus praktischer Vorgang. Land, das hinter einem Deich liegt, wächst nicht mehr und hat deshalb, sollte der Deich nicht hoch oder stark genug sein, ein echtes Problem. Damit die Häuser auf den Halligen nicht bei jeder Sturmflut unter Wasser stehen, wurden diese auf sogenannten Warften errichtet, von Menschenhand aufgeworfenen Hügeln. Solche Warften sind auch in den Kögen hinterm Deich üblich.

Und wo wir schon einmal dabei sind, hake ich mit meinen Kindern gleich noch das Thema »Ebbe und Flut« ab, weil meine Tochter danach fragt. Man kann die Gezeiten lang und breit und physikalisch korrekt erklären, wobei dann nicht nur Mond und Erdanziehung wichtig sind, sondern auch Fliehkräfte und allerlei mehr. Man kann es sich aber auch leicht machen und einfach sagen, dass die Gezeiten durch das Zusammenspiel von Erde und Mond entstehen. Die Anziehungskraft des Mondes setzt die Wassermassen der Ozeane in Bewegung und sorgt an den Küsten für Ebbe, also ablaufendes Wasser, und Flut, bei der das Wasser steigt. Von Hochwasser zu Hochwasser dauert es etwas mehr als zwölf Stunden; zwischen Niedrigwasser und Niedrigwasser natürlich auch. Der sogenannte Tidenhub, also der Unterschied zwischen Hoch- und Niedrigwasser, beträgt an der Ostküste, wo es das auch gibt, etwa 30 Zentimeter; hier an der Westküste und auf den Halligen sind es zwischen zwei und drei Metern. Bei Sturmfluten kann der Tidenhub durch Wind und allerlei mehr natürlich viel höher ausfallen. Da wird es dann durchaus ungemütlich.

Es muss schon eigenartig, um nicht zu sagen äußerst bedrohlich sein, in einem Haus auszuharren, während ringsum an der Warftkante die Flut steigt, brodelnd, dröhnend, mit dieser unheimlichen Kraft, die große Wassermassen haben. Auf Fotos sieht es natürlich hübsch aus: Die reetgedeckten Häuser ragen auf ihren Warften wie einzelne kleine Schiffe aus dem Wasser. Bei einer ausgewachsenen Sturmflut aber kann es wirklich brenzlig werden. Seit dem Sommer 2021 kann ich da aus eigener Erfahrung sprechen: Kurz zuvor nämlich hatten wir als Familie in einer ganz anders gelagerten Flut festgesteckt, in der Eifel, wo die Flüsse im Juli nach heftigen Regenschauern dramatisch über die Ufer gestiegen waren und wir uns mit unserer Ferienhausmühle plötzlich mitten im Flussbett wiederfanden, was sehr bedrohlich war … Aber das ist eine andere Geschichte. Uns ist glücklicherweise nichts Schlimmeres passiert.

Eine Halligbewohnerin hat mir einmal von ihrem Fluterlebnis berichtet, das sich während einer der großen Sturmfluten ereignet hatte. Das war auf der Hallig Südfall, zwischen Nordstrand und Pellworm gelegen. Mit ihrer Familie saß sie während der Flut in der Küche des Hauses, die gleichzeitig als Schutzraum diente. Die Wände dieser Räume sind mittels Betonpfeiler gesichert und tief im Halligboden verankert, sodass im Extremfall, wenn das Haus zerstört werden sollte, zumindest dieser Raum die Chance hat, unbeschadet stehen zu bleiben. Das Wasser drang bei dieser Sturmflut bis ins Haus. Der Pegel stieg und stieg sichtbar. Ihr Vater aber blieb ganz entspannt. Ich stelle ihn mir immer mit einer Pfeife im Mundwinkel vor, eine blau gemusterte Tasse dampfenden Tee vor sich auf dem Tisch. »Wartet nur ab«, sagte der Vater. Und tatsächlich: Von einem auf den anderen Moment fiel das Wasser im Haus um einen halben Meter. Der Vater nickte. »Jetzt«, sagte er, »ist der Deich an Land gebrochen.« Auf der Hallig war dadurch der Höchststand der Flut erreicht. Das Wasser strömte in den nun ungeschützten Koog hinter dem Deich. Für dieses Gebiet begannen damit die Probleme, während die Hallig es gewissermaßen hinter sich hatte.

Bei jedem Besuch an der Westküste staune ich als Ostseemensch verlässlich über den Eindruck des Gegensätzlichen, der sich mir hier aufdrängt. Es ist eigentlich eine Binsenweisheit, aber mir fällt es immer wieder auf, wenn ich die wenigen Kilometer vom Osten des Landes in den Westen zurücklege: An der Nordsee ist es so was von anders. Wo es an der Ostseeküste mild ist und zurückgenommen, mit grasbewachsenen Hügeln und langen Stränden, mit Wäldern, die bis an die Steilküsten heranlangen, Förden, die ihre Arme ins Landesinnere ausstrecken, kleinen und größeren Hafenstädten wie Eckernförde oder Kiel, in denen sich das Meer hübsch ins Stadtbild einfügt – da hat die Westküste ihre flachen, endlosen Köge, auf denen hier und da Dörfer verteilt sind, meist sind es nur vereinzelte Höfe oder wie zufällig verstreute Häuschen, die sich an ihrem Platz festzuhalten scheinen; sie hat eine Hafenstadt wie Husum, in der ich gefühlt noch nie schwimmende Schiffe gesehen habe, weil immer gerade Ebbe herrschte; sie hat Strände wie in St. Peter-Ording, wo einen das Bedürfnis überkommt, jedes Handtuch, jedes Spielzeug mit irgendetwas zu beschweren, damit es nicht davonfliegt; sie hat ihre wie mit dem Lineal gezogenen Entwässerungsgräben; sie hat Windräder und Deiche, hinter denen sich eine Landschaft befindet, die ihre Rauheit nicht verbergen kann und alles in allem gar nicht anschmeichelnd ist. Wenn man in die Geschichtsbücher schaut und liest, wie oft und wie gravierend diese Landschaft sich über die Jahrhunderte verändert hat, wie ganze Inseln, Städte entweder durch eine einzige große Flut zerstört oder nach und nach abgetragen wurden, wie also das, was man hier sieht, letztlich nur die Überreste sind von einer Landschaft, die einst ganz anders aussah, dann kann man sich schon fragen, wie Menschen überhaupt auf die Idee verfallen konnten, hier zu siedeln. Ziemlich trotzig, könnte man sagen.

Mein Sohn wirft ein Wort ins Gespräch, mit dem meine Tochter gar nichts anzufangen weiß: »Doggerbank«. Er hat von dieser eiszeitlichen Landverbindung zwischen England und dem Festland gelesen, als der Meeresspiegel noch etwa 100 Meter niedriger war und die Nordseeküste 600 Kilometer weiter nördlich lag. Kann man sich vorstellen, wie es damals in dieser Gegend ausgesehen hat? Weites Land, bewaldet, bewohnt von Jägern und Sammlern. Hier hat es tatsächlich Waldelefanten und Waldnashörner gegeben, später Elche, Wölfe und Bären, Auerochsen und Wildschweine. Jetzt leben hier Fische, Krabben, Wattwürmer und Seehunde. Über Jahrhunderte ist der Meeresspiegel gestiegen und hört damit bis heute nicht auf. Im Durchschnitt liegt der Anstieg bei circa 20 Zentimetern pro Jahrhundert. Sollte es bei dieser Einwicklung bleiben, läge die Küstenlinie in nur etwas mehr als 3000 Jahren bei Rendsburg–Bad Bramstedt–Quickborn, doch ist leider davon auszugehen, dass alles eher viel schneller vonstattengehen wird.

Das Meer als großer Umgestalter. Viele Ortschaften, die es einst in dieser Landschaft gegeben hat, sind heute verschwunden. Sie trugen Namen wie Buphever, Königsbüll oder Trindermarsch. Legendär ist vor allem der Untergang des Ortes Rungholt, dessen Reste unter der heutigen Hallig Südfall zu finden sind. Ein Nordstrander Landwirt namens Andreas Busch hat die ersten Funde in den 1920er-Jahren dort gemacht, an den Stellen, wo die Halligkante durch das Meer abgetragen worden war, und hat seine Funde durch akribischen Vergleich mit historischen Karten und Erzählungen der großen Stadt Rungholt zuordnen können. Diese Stadt ist bei der sogenannten Ersten Groten Mandränke im Jahr 1362 untergegangen, einer Megaflut, die an der gesamten Westküste verheerend gewirkt und für Tausende den Tod bedeutet hat. In den alten Geschichten klingt es beinahe so, als wäre dieser Ort Rungholt ein prunkvolles, großartiges nordfriesisches Rom gewesen. Der Dichter Detlev von Liliencron hat mit seiner berühmten Ballade *Trutz, Blanke Hans* den Hauptanteil an diesem Ruf. (»Blanker Hans« ist die friesische Umschreibung für die Nordsee.) Da heißt es unter anderem:

Rungholt ist reich und wird immer reicher,
Kein Korn mehr faßt der größeste Speicher.
Wie zur Blütezeit im alten Rom,
Staut hier täglich der Menschenstrom.
Die Sänften tragen Syrer und Mohren,
Mit Goldblech und Flitter in Nasen und Ohren.

Nun ja, ganz so glorreich und edel ist es hier in Wirklichkeit nie zugegangen. Das zeigen die Funde, die für eine einfache, wenn auch größere Siedlung sprechen. Eine Kirche hat es gegeben, so viel stimmt, dazu einige Hundert Bewohner, ein wichtiger Handelsplatz war das »echte« Rungholt ohne Zweifel. Um des tragischen Effekts willen lässt sich die lyrische Übertreibung von Liliencron aber durchaus rechtfertigen. Die Zerstörung durch das Meer, die »Mordsee«, die Liliencron als »Ungeheuer« beschreibt, dessen Haupt »vor Englands Strand« ruht und dessen Schwanzflosse »bei Brasiliens Strand« spielt, bekommt so die nötige Dramatik. Die aufmüpfigen und natürlich unchristlichen Rungholter lässt er betrunken und lärmend abends auf den Deich ziehen und die Fäuste in Richtung Meer ballen: »Wir trotzen dir, blanker Hans, Nordseeteich!«

Das muss natürlich im Untergang enden, der dann auch tatsächlich kommt:

Ein einziger Schrei – die Stadt ist versunken,
Und Hunderttausende sind ertrunken.
Wo gestern noch Lärm und lustiger Tisch,
Schwamm andern Tags der stumme Fisch.
Heut bin ich über Rungholt gefahren,
Die Stadt ging unter vor sechshundert Jahren.
Trutz, Blanke Hans?

Die Zahlen sind, wie erwähnt, etwas hochgegriffen. (Ganz abgesehen davon, dass im Originaltext noch von 500 Jahren die Rede ist, was ein Herausgeber der Ballade im 20. Jahrhundert stillschweigend hochgesetzt hat, warum auch immer. Bald müsste man also 700 Jahre daraus machen?) Der Chronist Anton Heimreich schätzt die Zahl der Opfer der Ersten Groten Mandränke rückblickend auf etwa 7600, was in einem wenig besiedelten Gebiet wie der Küste ein Großteil der Bevölkerung gewesen sein wird. Unvorstellbare Zerstörung. Die einst riesige Insel Strand wurde damals zerschlagen und später, bei der Zweiten Groten Mandränke im 17. Jahrhundert, noch weiter. Übrig blieben das heutige Pellworm, Nordstrand und einige Halligen.

Die Zerstörungsmacht des Meeres hat Liliencron mit seiner faktischen Übertreibung insofern gekonnt eingefangen. Mir hat das abschließende Fragezeichen in seiner Ballade immer am meisten Eindruck gemacht: »Trutz, Blanke Hans?« Dieses kleine Satzzeichen steht ja, wenn man es genau nimmt, über dem Leben an und mit dem Meer generell. Auf Dauer kann das nicht gut gehen.

Apropos Fragezeichen. So langsam beginnen wir auf unserer Überfahrt uns schon zu fragen, wo das noch enden wird. Mittlerweile schaukelt das Schiff nämlich doch recht bedrohlich. Föhr haben wir bereits hinter uns. Es sind nur wenige Passagiere im Wyker Hafen zugestiegen, unter anderem ein freundliches Ehepaar in urlaubstauglicher Allwetterkleidung, das auf den Plätzen neben uns sitzt und sofort das Gespräch mit uns sucht. Die beiden berichten mit echter Begeisterung von ihren Ferienerlebnissen der letzten Tage. So schön sei es gewesen. Windig, natürlich, aber schön. Kilometerlange Wanderung über den Kniepsand auf Amrum, wunderbar. Und dann einmal durchs Watt zurück nach Föhr, durch einen Priel, bei dem ihnen das Wasser bis zum Bauchnabel gegangen sei. Ein Hund sei dabei gewesen, der nur unter Mühen zu überreden war, den Wattenstrom zu durchqueren. So eine Wanderung sollten wir doch auch mal machen, mit Führung allerdings. Sonst sei es ja viel zu gefährlich. Zu den Seehunden seien sie außerdem an einem Tag gefahren. Herrliche Tiere, die da so hübsch faul auf den Sandbänken liegen. Und überhaupt: Wohin wir denn heute wollten? Nach Helgoland? Bei dem Wetter – das könne natürlich heiter werden. Deshalb ihr gut gemeinter Rat: möglichst mittig im Schiff einen

Platz finden, besser noch auf dem Oberdeck, freie Sicht auf den Horizont.

Die Mienen der Kinder nehmen nach diesen Hinweisen einen besorgten Ausdruck an, und die Durchsagen des Kapitäns führen nicht eben zur Beruhigung: »Für die Passagiere, die gleich weiter nach Helgoland fahren, ein Hinweis: Gönnen Sie sich schnell noch ein Stück Kuchen bei uns an Bord, dann haben Sie zweimal was davon …« Meine Stimmung beginnt zu sinken. Solche Sprüche kenne ich nur zu gut. Es ist genau die Art norddeutschen Humors, die mir immer schon äußerst suspekt erschien. Natürlich ist diese Witzelei meist alles andere als böse gemeint, doch spielt sie meiner Erfahrung nach allzu offensiv mit den Ängsten und Unsicherheiten der Leute, ohne in Betracht zu ziehen, dass das nicht in jedem Fall angebracht oder passend ist. Jaja, wir sind so was von tough hier im Norden. Wir halten alles aus. Oder etwa nich? Der Ton, burschikos, ruppig, soll letztlich helfen, alles irgendwie erträglicher zu machen, frei nach dem Motto: Wer zuletzt lacht … Es lacht aber keiner, heute jedenfalls nicht.

Als wir in Amrum anlegen – Durchsage des Kapitäns: »Halten Sie sich besser fest, obwohl: Auf Helgoland wird das sicher noch ganz anders …« –, begrüßt uns eine Mitarbeiterin der Reederei und dirigiert uns Helgolandreisende in eine Ecke des Hafens, wo wir auf den Katamaran warten sollen, der uns weiterbringen wird. »Und nehmt die Snutenpullis ruhig ab, damit wir eure Gesichter sehen können.« Zum ersten und bislang einzigen Mal höre ich diese Wortneuschöpfung in freier Wildbahn. Ich mag sie immer noch nicht.

Und von nun an wird es wirklich unangenehm. Als der von Sylt kommende Katamaran an der Pier festmacht, werden wir im gebrüllten Kommandoton von einem der Matrosen mit den Fakten für unsere Überfahrt vertraut gemacht. Keine Witzeleien. Alles ist ernst gemeint. Leider, so der Matrose, werde es eine ungemütliche Überfahrt werden. Alle sollten sich einen Platz suchen und wenn möglich dortbleiben. Kinder unter zwölf Jahren dürften nach dem Ablegen überhaupt nicht mehr aufstehen. Leider, leider werde es nicht schön. »Aber wir schaffen das.«

Ein Oberdeck gibt es nicht. Notgedrungen entscheiden wir uns für eine Bankreihe im vorderen Teil des Schiffes. Die einzelnen Sitzreihen sind coronabedingt durch Plastiktrennwände abgeteilt, und wir finden an den Plätzen jede Menge blaue Spuckbeutel vor, die wir leicht amüsiert inspizieren. Auf vier Sprachen steht dieses eigentümliche Wort auf dem Beutel. Englisch und Deutsch sind wenig auffallend. Einig sind wir uns alle drei darüber, dass die französische Variante – *sac vomitoire* – irgendwie nach WC klingt, während die italienische – *sacchetto vomito* – uns an einen Eisbecher denken lässt. Ich verteile schnell noch Weingummis und, sicher ist sicher, irgendwelche Globuli, die Mareike uns mitgegeben hat. »Wenn's hilft, hilft's«, hatte sie gesagt. Schon legen wir ab. Eine knappe Stunde wird die Überfahrt dauern.

Ach ja, das Meer. Grünschwarz ist es heute, weiße Buckel, vielfach gebrochene Reflexionen, darüber ein tiefgrauer Himmel. Wer angesichts dieser Massen an Kraft nicht ein gewisses Maß an Ehrfurcht spürt, versteht nichts. Das Meer hat es wahrlich in sich, selbst wenn es mal nicht da sein sollte, bei Ebbe also. In Situationen wie diesen denke ich stets an die Wattwanderung, die ich vor vielen Jahren einmal vor Büsum mitgemacht habe. Wenn man sich so umschaute, war es an diesem hübschen Sommertag kaum zu begreifen, wo hier draußen im Watt Gefahren lauern sollten. Erstaunlich warmer, angenehmer Schlick umspielte unsere Füße. Hier die kunstvoll gedrehten Sandhaufen der Wattwürmer, dort Muscheln, Krabben, schmale Priele. Der Wattführer aber lenkte unsere Aufmerksamkeit auf die Unwägbarkeiten hier draußen im Watt, mit denen jeder rechnen müsse, vor allem mit plötzlichen Wetterumschwüngen. Zur Veranschaulichung eines solchen Erlebnisses hatte er sich ein Spiel ausgedacht. Er bat einen Teilnehmer der Wanderung, etwa 100 Meter vorauszugehen, und teilte Augenbinden aus, die wir anlegen sollten.

»Folgende Situation«, rief er. »Sie stehen plötzlich im Nebel, sehen kaum ihre eigenen Füße. Einen Kompass haben Sie dummerweise nicht dabei. Aber kein Problem: Sie wissen ja, wohin Sie gehen müssen. Richtig? Also, denn man to.«

Wir marschierten los. Ich wollte es gut machen, richtig gut, orientierte mich an Geräuschen, dem Gefühl des Windes auf meinen Wangen, und war mir sicher, dass ich die Zielperson jeden Moment umlaufen würde. Nach einigen Minuten wurden wir zum Anhalten aufgefordert und sollten die Augenbinden abnehmen. Das taten wir, und es war einfach nicht zu fassen: Obwohl wir alle dasselbe Ziel vor unserem inneren Auge gehabt hatten, standen wir überall verteilt. Ich war sicher 50 Meter entfernt an der Zielperson vorbeimarschiert.

Der Wattführer brüllte: »Und jetzt stellen Sie sich mal vor, um Sie herum steigt das Wasser …« Falls ich es nicht damals schon längst begriffen hatte, war es mir spätestens seitdem klar: Mit dem Meer ist nicht zu spaßen.

Was hilft, ist singen. Es dauert nicht allzu lange nach dem Ablegen von Amrum, bis die ersten Passagiere den Kampf verlieren und zu den Spuckbeuteln greifen müssen. Die Crewmitglieder wanken von Sitzreihe zu Sitzreihe, fragen, ob alles in Ordnung sei, und verteilen neue Spuckbeutel und Küchentücher. Die benutzten Beutel nehmen sie möglichst unauffällig entgegen und sprechen den Betroffenen Mut zu: »Bald haben Sie es geschafft …« Mein Sohn, dem es nach kurzer Zeit nicht gut geht, hält sich tapfer, konzentriert sich auf den kleinen Horizontausschnitt, den er von seinem Platz aus sehen kann, während meine Tochter und ich aufs Singen zurückgreifen. Das lenkt ab und übertönt die eher unangenehmen Geräusche aus den anderen Sitzreihen. Wir singen alles, was uns einfällt. Volkslieder wie »Ick heff mol en Hamborger Veermaster sehn …«, *Biene Maja* oder Rolf Zuckowskis »Heute kann es regnen, stürmen oder schnein …«. Schnell aber landen wir bei einem unserer Lieblingslieder von der Band Element of Crime, das wir wieder und wieder anstimmen und dessen Titel wie das Gegenmodell zu unserer momentanen Situation klingt: *An Land*.

Heute wird wohl kein Schiff mehr geh'n
und keiner geht vor die Tür
Alle sind heute verschüchtert
nur ich bin es nicht, und das liegt an dir
Am Fenster fliegt eine Kuh vorbei
da kommt jede Hilfe zu spät
Ein Glas auf die Kuh und eins auf die See

Gar nicht wenige Passagiere, die an diesem Tag mit uns an Bord sind, werden die Stunde auf See gehörig verfluchen.

Seeübelkeit ist eine äußerst unschöne Erfahrung. Man weiß, dass das Elend erst enden wird, wenn man von dem Schiff herunterkommt, und da kann eine Dreiviertelstunde, eine halbe Stunde, eine Viertelstunde wie eine Ewigkeit wirken. Obendrein steht einem noch die Rückfahrt bevor.

Ich liebe die See und sie liebt mich auch
hörst du, wie sie nach mir brüllt
Ich hätte sie niemals verlassen soll'n
das ist, was sie mir klarmachen will
Wenn hinter uns nicht der Deich wär
käm jede Hilfe zu spät
Ein Glas auf den Deich und eins auf die See

Das Schiff rollt. So nennt man das, wenn der Seegang ein Schiff gehörig hin- und herwirft. Ich bin mir sicher, dass der Kapitän, der sich noch nicht gemeldet hat – warum also gehe ich davon aus, dass es ein Mann ist, wie meine Tochter ganz richtig anmerkt? –, dass also die Person, die das Kapitänsamt an diesem Tag ausführt, alles in ihrer Macht Stehende versucht, um das Gerolle auszugleichen. Leider hilft es nicht viel. Schließlich meldet sich jemand über die Bordlautsprecher – meine Tochter sagt: »*Jetzt* wissen wir, dass es ein Mann ist …« –, der Kapitän meldet: »Steuerbord voraus kommt Helgoland in Sicht.« Wir recken unsere Hälse, blicken nach rechts vorn, können in dem Grünschwarz aber nichts erkennen. Das ist nicht weiter schlimm. Entscheidend ist: Bald ist es geschafft!

Hier wurd' ich an Land gespült
hier setz ich mich fest
Von dir weht mich kein Sturm mehr fort
bei dir werd' ich bleiben, solang du mich lässt
Deine Hand kommt in meine
und jede Hilfe zu spät
Ein Glas auf uns und eins auf die See

Wir sind da. Endlich. Unser Schiff legt an der Pier an, wir können aussteigen, und hier im geschützten Hafen von Helgoland wirkt auf einmal alles ganz anders. Kuchengeruch, wie Heinrich Heine ihn einst wahrgenommen hat, kann ich zwar nicht feststellen, auch keine Violinen am Himmel, aber angenehm unaufregend ist es hier. Das größte Abenteuer des Tages liegt jetzt hinter uns. Kein Lüftchen weht, der graue Himmel über uns reißt auf und lässt sogar etwas Sonne durch. Kurz vorm Anlegen hat es meinen armen Sohn noch ereilt. Er sieht blass aus, und während wir vom Schiff auf den festen Inselboden überwechseln, erkundigt er sich besorgt, wie lange wir denn Zeit haben werden auf der Insel. Ihm graut vor der Rückfahrt.

»Zweieinhalb Stunden.«

Er atmet tief durch.

Ich weiß nicht mehr, was ich mir vorgestellt habe, aber ein wenig verlassener war mein Bild von der Insel gewiss gewesen. Einsamkeit ist an diesem Tag jedoch nicht zu haben. Im Strom der Tagestouristen, die mit mehreren Fähren angereist sind, wandern wir vom Binnenhafen zum Unterland, vorbei an den postkartenmotivischen bunten Hummerbuden mit den Duty-free-Shops, Imbissen und Firlefanzläden. Alles sehr hübsch, natürlich. Die

Häuser und Straßen des Ortes strahlen den konservierten Charme der 70er-Jahre aus.

Trotz der magenaufwühlenden Schifffahrt treibt uns der Hunger zunächst in die Imbisse. Schließlich steigen wir die Stufen vom Unter- ins Oberland hoch, und meine Tochter erinnert uns daran, was einer der Matrosen beim Aussteigen über die Gefahren dort oben gesagt hat: »Lassen Sie Ihre Frauen besser nicht ins Oberland. Das könnte teuer werden.« Haha, wie lustig. Im Oberland befinden sich die teuren Geschäfte der Insel: Parfümerien, Schmuck, Mode. Wir lassen das alles möglichst zügig hinter uns.

Wir wollen vor allem zur Langen Anna, wir wollen zum Lummenfelsen. Meinen Kindern hatte ich von dieser eigenartigen Vogelart berichtet, die hier auf der Insel ihren Nachwuchs zur Welt bringt. Trottellummen, deren Äußeres an kleine Pinguine erinnert, sind ausgezeichnete Schwimmer, aber eher mittelmäßige Flieger. Ihre Eier – oder genauer gesagt: ihr eines Ei – legen sie dennoch auf kleinen Vorsprüngen in der Klippe ab, wobei die Form an eine Birne erinnert, damit es nicht so leicht wegrollt und gar abstürzt. Die Eltern kümmern sich gemeinsam um die Versorgung des Nachwuchses, und bereits einige Tage vor dem Schlüpftermin beginnen die Küken, sich im Ei mit Pieplauten bemerkbar zu machen, was die Eltern rührenderweise beantworten. Von diesem Zeitpunkt an steht die Familie im Rufkontakt miteinander. Die Versorgung des Kükens ist eine anstrengende Bürde, weshalb die Eltern bald genug davon haben und der Tag naht, an dem es ernst wird für den Lummennachwuchs. Dann müssen die Kleinen den Sprung von der Steilküste wagen, wohlgemerkt ohne bereits fliegen zu können. Ungebremst stürzen sie sich 30, 40 Meter in die Tiefe und landen, wenn es gut läuft, im Meereswasser oder, wenn es schlecht läuft, auf dem Boden vor der Steilküste. Weil sie gut gepolstert sind, passiert ihnen dabei glücklicherweise nichts.

Während wir in Richtung Felsen wandern und erstmals den Rundumblick über die gesamte Insel haben, male ich mir mit meinen Kindern diesen Moment aus, wenn das Vogelkind oben auf dem Felsvorsprung zu seinem Vater hinunterblickt, der im Wasser auf es wartet. Die Mutter bleibt zum Mutmachen oben bei dem Vogelkind. Im Eifelurlaub vor wenigen Wochen hat mein Sohn im Schwimmbad den Sprung vom Fünfmeterbrett gewagt, während ich ihn von unten aus anfeuerte. Er hat einige Minuten gebraucht, bis er den Mut zum Sprung aufbrachte. Die kleinen Lummenkinder benötigen ebenfalls etwas Zeit, mitunter mehrere Tage, bis sie sich trauen. Dann springen sie ins Ungewisse, wobei es zu einer unvorhergesehenen Schwierigkeit kommen kann, die mit den Küstenschutzanlagen der Insel zu tun hat. Es kann nämlich passieren, dass die Kleinen in dem Bereich hinter der Betonschutzmauer landen und danach, flugunfähig, wie sie sind, nicht zu ihren Eltern gelangen können. In den Wochen des Lummensprungs, zwischen Juni und Juli eines jeden Jahres, gehen Mitarbeiter des Natur- und Vogelschutzvereins Jordsand deshalb mehrmals täglich den Streifen an der Steilküste ab und tragen die kleinen Abstürzler über die Betonmauer zu ihren Eltern.

Wahrlich, kein Kuchengeruch hier draußen. Ich weiß nicht, wo Heinrich Heine seine Assoziation damals hergeholt hat. Die Vogelmeute jedenfalls, deren Fäkalien weiße Streifen auf den Felsen hinterlassen, verbreitet einen ganz anderen Geruch. Rücken an Rücken sitzen die vielen Tausend Vögel direkt an der Klippe, darunter die Top Five der

Helgoländer Vogelarten, die nur hier brüten: Basstölpel, Trottellumme, Dreizehenmöwe, der Eissturmvogel und der Tordalk. Der Basstölpel mit seinem gelblichen Kopfgefieder und den schwarzen Flügelspitzen ist noch am leichtesten zu erkennen. Ein Geflatter und Gehüpfe ist das an der Klippe, das an diesem Tag von Hunderten Handy- und extra mitgebrachten Teleobjektivkameras eingefangen wird. Für unseren Geschmack gehen manche Touristen dabei doch etwas zu nahe an die brütenden Vögel heran. Ein wenig Rücksicht wäre schon angebracht.

Wir wandern bis zur Nordspitze der Insel und schauen zu dem vorgelagerten Felsen hinaus, der sogenannten Langen Anna. Die hat ihren Namen womöglich einer Kellnerin zu verdanken, die einst in einem der Inselrestaurants gearbeitet haben soll. Genau aber weiß man es nicht. In der Ferne sind die Hochseewindkraftanlagen zu sehen. Ansonsten: Meer, jede Menge Meer. Auf der anderen Klippenseite führt der Rundweg wieder zurück in Richtung Dorf, vorbei an mehreren Kratern. Nach dem Zweiten Weltkrieg war die Insel von den Engländern besetzt, die im Jahr 1947 die Bunker und sonstigen Militäranlagen in die Luft zu jagen versuchten. Eine Schautafel spricht von der »größten nicht nuklearen Sprengung der Geschichte (bis 1986)«. Kaum zu glauben, dass die Insel überhaupt noch existiert. Sie diente auch als Testgelände für Bombenabwürfe der Royal Air Force, was die Krater erklärt. Erst 1952 ging Helgoland an Deutschland zurück, wurde neu besiedelt und gehört heute zum Kreis Pinneberg.

Natürlich müssen wir noch einen der Duty-free-Shops aufsuchen, in dem mich unerwartet eine Erinnerung an die Butterdampferfahrten meiner Jugend anweht. Großpackungen Quality Street, Toblerone, Fazermint. Die Kinder decken sich ein, und ich packe für zu Hause eine Flasche Talisker in die Einkaufstüte, eine zollfreie Literflasche, die sicher eine ganze Zeit lang halten wird. Eine leichte Eile ist bei den Verkäufern und den Touristen mittlerweile zu merken. Hier ist ganz offensichtlich bald Schluss. Die Tagestouristen streben zurück Richtung Hafen, die Läden und Imbisse, die Restaurants machen gleichzeitig zu. Beide Kinder sind auf diesen letzten Metern ehrlich enttäuscht, nicht länger auf der Insel sein zu können, und auch ich bedauere es, nicht wenigstens über Nacht zu bleiben. Wie anders muss die Ortschaft, die Natur wohl wirken, wenn die Massen an Menschen verschwunden sind?

Übrigens verläuft die Rückfahrt ganz und gar angenehm. Meine Tochter schläft sofort auf meinem Schoß ein, sobald wir zurück auf dem Katamaran sind – Seeluft macht müde –, und das Meer zeigt sich von seiner freundlichen Seite. Kein Rollen des Schiffes, kein unerwartetes Geschaukel. So erklärt es sich wohl auch, dass der Gedanke an ein Wiederkommen, trotz der Erfahrungen auf dem Hinweg, schon jetzt nicht mehr ganz so abwegig erscheint. Es wird ein nächstes Mal geben, irgendwann. So viel ist sicher.

Die Moorleichen finden Sie im Obergeschoss

Ausflugsziele, besondere Orte, Highlights

Mareike Krügel

Man wird Schleswig-Holstein nicht verstehen können, ohne sich mit Winnetou zu beschäftigen. Zunächst aber ein paar Worte über Karl May und seine Verbindung zu Bad Segeberg: Es gibt keine. Außer die, dass Karl May niemals in den Ländern und Gegenden der Welt war, über die er geschrieben hat, so wie auch die berühmten Verfilmungen seiner Wild-West-Geschichten nie in Nordamerika gedreht wurden, sondern lediglich in einer Landschaft, die so ähnlich aussieht, den Karstregionen von Kroatien. Die Frage ist also nicht: Warum Winnetou in Schleswig-Holstein? Sondern: Warum nicht?

Es gibt in Bad Segeberg eine geologische Besonderheit, den sogenannten Kalkberg, der in Wirklichkeit aus Gips besteht, und er bietet die perfekte Kulisse für Outdoor-Theaterevents basierend auf Karl Mays doch eher an den Haaren herbeigezogenen Geschichten in allen Varianten und Adaptionen. In jedem Jahr kann man sich einen Sommer lang täglich die Aufführung eines Stücks ansehen, das lose auf einer der Geschichten basiert, in denen der Apachenhäuptling Winnetou eine Rolle spielt. Es wird viel offensiv geritten – galoppiert oder abrupt abgebremst –, oft brennt oder explodiert eine der Kulissen, stets springt ein Darsteller von einem hohen Turm, manchmal steht er selbst dabei in Flammen, und zur Musik aus den Lautsprechern, dem bekannten Motiv der alten Filme mit Pierre Brice in der Hauptrolle, erscheint irgendwann ein einsamer Reiter hinter einem Felsen: Winnetou. Dann jubelt die Menge, egal, ob es regnet oder die Sonne unbarmherzig herunterbrennt, ob hinter der spektakulären Kulisse der Mond steht oder alles im norddeutschen Grau versinkt.

Es ist eine einzige große Retrofeier, die dort Sommer für Sommer stattfindet. Ein Ereignis, auf dessen Bedingungen sich alle Beteiligen einlassen. Die Illusionen sind alles andere als perfekt, auch wenn die Menge der künstlichen Felsen einem jedes Mal wieder Respekt abverlangt. Dazu sprechen alle Darsteller und Akteurinnen in Mikrofone, deren Sound etwas zeitverzögert in den obersten Reihen ankommt – ein realistischer Dialog ist damit absolut unmöglich. Aber was ist schon realistisch bei Karl May? Genau wie die Geschichten selbst ist auch die theatralische Umsetzung am Segeberger Kalkberg immer nur eine Metapher, jede Geste ein Symbol, jeder Bösewicht der Teufel, jeder gute Mensch ein Messias und jeder Witz uralt. Wer den nicht geringen Eintritt bezahlt und sich in die Welt an der Arena begibt, generiert seine Begeisterung aus anderer Quelle als aus schauspielerischer Leistung, originellen Dialogen oder atemberaubenden Stunts. Es ist ein reines Fest der kollektiven menschlichen Fähigkeit, so zu tun als ob. Denn der Kalkberg ist nicht das Monument Valley, er ist ja noch nicht einmal aus Kalk.

Fantasie und der unbedingte Wille, sich begeistern zu lassen von etwas, das eigentlich gar nicht da ist, sind an anderen Orten, die in Schleswig-Holstein als sehenswert gelten, ebenfalls vonnöten. Das Danewerk – *Danevirke* auf Dänisch – beispielsweise ist ein Grenzwall, der im 7. bis 12. Jahrhundert an der schmalsten Festlandstelle der Jütischen Halbinsel errichtet wurde. Er liegt zwischen dem Fluss Treene und dem äußersten Ende des Meeresarms Schlei, eben genau dort, wo keine Wasserstraße eine natürliche Grenze bildete, die sich leicht verteidigen ließ. Der Wall schloss sozusagen die Lücke. Er wurde vielfach genutzt und verändert, jeder Krieg oder Angriff hatte schließlich seine eigenen Anforderungen. Es gab einst eine Burganlage, von der heute überhaupt nichts mehr zu sehen ist, dafür hat ein sehr hübsches Stück Mauerwerk aus dem 12. Jahrhundert überdauert, und wenn man auf dem Wall spazieren geht oder auf einer der ehemaligen Schanzen steht, kann man nicht nur unglaublich weit in die flache Landschaft gucken, man kann auch auf diversen kleinen Tafeln nachlesen, welche Kriegshandlung wann und in welcher Form dort stattgefunden hat. Man muss Hochachtung haben vor denjenigen, die diese Stelle ausgewählt, den Verlauf geplant, den extrem robusten Bau errichtet haben. Hätte ich ein Gewehr und einige Übung im Zielen und Abknallen, wäre es mir jedenfalls ein Leichtes, herannahende Feinde rechtzeitig zu erspähen und zu durchlöchern, bevor sie auch nur »Guck mal, da hinten« sagen könnten.

Der Wall des ehemaligen Danewerks geht über in den Schutzwall, der einst die Wikingerstadt Haithabu umgab, von der schon die Rede war. Das Gelände und das dort stehende Museum zu besuchen ist ein guter Test für alle, die wissen wollen, wie es um ihre Fantasie bestellt ist. Ein hoher grasbewachsener Wall, ganz ähnlich den Deichen an der Westküste, rahmt eine halbkreisförmige Fläche ein, die an ihrer Längsseite vom Haddebyer Noor begrenzt wird, einem ehemaligen Teil der Schlei, der die Verbindung verloren hat und zum See geworden ist. Der Name des Noors erinnert noch an den Namen der Stadt, die zwischen 770 und 1066 auf dieser Rasenfläche stand – Haithabu eben. Heute grasen hier Schafe alter Rassen, man muss aufpassen, wo man hintritt, aber der größte Teil der Fläche ist abgezäuntes Weideland, das man ohnehin nicht betreten darf.

Dort also lag einmal eine Stadt, die zu ihrer Zeit als Großstadt galt, von der aus Handel getrieben wurde, in deren Hafen regelmäßig große Schiffe anlegten und ihre Waren ausluden. Im Museum kann man sich Modelle ansehen, die Haithabu zu verschiedenen Zeiten darstellen, dazu Funde aller Art – Schmuck und Werkzeug, Waffen und Geschirr. Runensteine, also Steine, in die mit altnordischer Runenschrift Botschaften gemeißelt wurden, sind mit dramatischer Beleuchtung in Szene gesetzt, Schautafeln informieren über Begräbniskultur im Wandel der Jahrhunderte. Aber wenn man das Dämmerlicht des Museums wieder gegen das Tageslicht eintauscht, steht man genau wie vorher vor dem Problem, dass dort, wo all das gefunden wurde, wenig mehr zu sehen ist als grasende Schafe.

Ein bisschen weiter Richtung Noor hat man allerdings eine Siedlung aus Lehmhäusern aufgebaut, die man besichtigen kann. In den Häusern gibt es offene Feuerstellen, die Betten sind mit Tierfellen ausgelegt, im Versammlungshaus darf sogar offiziell geheiratet werden – und auch wenn diese Häuser mit Sachkenntnis und Liebe zum

Detail extra gebaut wurden, um der Fantasie auf die Sprünge zu helfen, kann man beinahe sagen, dass es nach der Besichtigung noch einmal schwerer geworden sein dürfte, sich das Leben in Haithabu wirklich vorzustellen. Daran ändern auch die Männer und Frauen in grob gewebten Kleidern wenig, die den Sommer über freiwillig in dem Lehmhüttendorf leben, alte Handwerkstechniken vorführen und auf den Tierfellen schlafen. Nichts davon erinnert an eine belebte Wikingerstadt mit einem wichtigen Handelshafen, von dem zu anderen Zeiten auch Raubzüge starteten. Man muss wohl die Augen schließen, damit man sich vorstellen kann, wie es hier gerochen haben mag, das Hämmern aus der Schmiede zu hören, das Rufen der Menschen, die Geräusche der Tiere, das Platschen der Ruder im Wasser, wenn ein Drachenboot die Schlei entlangkam.

Wem das für die eigene Fantasie noch nicht genug Herausforderung ist, dem empfehle ich, die Moorleichen zu besichtigen. Nicht jedes Bundesland hat Moorleichen zu bieten, sie sind vielmehr ein verbindendes Element der Nordländer und Großbritanniens und zeigen damit sehr deutlich, wo Schleswig-Holstein sowohl geologisch als auch kulturhistorisch einzuordnen ist. Die Leichen befinden sich im obersten Geschoss des Museums im Schloss Gottorf bei Schleswig, sodass sie nach einem langen Museumsbesuch voller Gemälde, Artefakte und sakraler Kunst sozusagen das Sahnehäubchen bilden können.

Früher hatten sie ihr eigenes Gebäude, das sie sich lediglich mit dem berühmten Nydamboot teilen mussten, einem beinahe vollständig erhaltenen hochseetauglichen Holzboot vom Typ Angelsachsenüberfahrt. So ein altes

Boot ist recht Ehrfurcht gebietend in seiner Geschichte und Bedeutung. Es braucht allerdings auch einige Entschlossenheit, um besagte Ehrfurcht aufkommen zu lassen. Man muss schon bereit sein, von Moor und Zeit dunkel gefärbte Holzplanken derartig mit Geschichte aufzuladen, dass der kleine Teufel, der einem von der Schulter aus zuflüstert, man stehe vor einem etwas überdimensionalen Ruderboot, das man im Matsch in Dänemark gefunden habe und das schon deshalb nichts mit irgendeiner Übersiedlung nach Britannien zu tun haben könne, mit seiner Argumentation keine Chance hat.

Die Moorleichen scheinen immerhin auf den ersten Blick eine Geschichte zu erzählen, die leichter zu erraten ist. Dieser Eindruck allerdings verfliegt schnell, wenn man sich die Mühe macht, die Erklärungstafeln durchzulesen. Denn im Grunde weiß man so gut wie gar nichts über das, was man da gefunden hat. Selbst das Geschlecht der Personen, deren sterbliche Überreste man in diversen Mooren der Jütischen Halbinsel gefunden hat, war und ist nicht immer eindeutig zu bestimmen. Jahrzehntelang zum Beispiel hielt man eine der Leichen für eine junge Frau. Erst durch moderne Techniken der DNA-Entschlüsselung stellte man fest, dass es sich um einen Mann handelt. Eine Frau im Moor aber erzählt eine andere Geschichte als ein Mann, so viel muss einem klar sein. Sie war womöglich eine Ehebrecherin, die grausam bestraft wurde. Vielleicht wurde sie auch geopfert, in einem heidnischen, unheimlichen Ritual am Rande des brodelnden Morasts. Ein junger Mann ist gleich langweiliger. Wenn sich dann noch herausstellt, dass er einen kariösen Zahn hat, ist man schnell bei der Vermutung, er könnte durch eine unbehandelte Wurzelentzündung zu Tode gekommen sein, wie es in Zeiten vor der Entdeckung des Antibiotikums nicht selten vorkam. Nein, als Museum möchte man sicherlich lieber eine junge Frau haben, wenn man es sich denn aussuchen kann.

Aber so viel die Zeit unkenntlich gemacht und sowohl denen, die ernsthaft forschen, als auch denen, die einfach nur mal gucken wollen, zur freien Interpretation überlassen hat, so viel hat das Moor konserviert. Haare und Kleidung sind erhalten, die Stellung der Leichname zum Zeitpunkt ihres Todes, Zähne, Fingernägel, Schmuck, Mageninhalt – und nicht zuletzt die DNA.

Wem das alles zu faktenreich ist, wer es liebt, noch mehr zu rätseln, wer wie ich findet, dass Menschen und ihre Kulturen so seltsam sind, dass genau das, was man nicht versteht, das größte Interesse weckt, dem empfehle ich, an einem lauen Sommerabend zu einem der zahlreichen erhaltenen Megalithgräber zu fahren, zum Langbett in Karlsminde in der Nähe von Eckernförde beispielsweise oder zur »Idstedter Räuberhöhle« bei Schleswig, und in eine der Grabkammern zu kriechen.

In vielen von ihnen hat man Funde gemacht, die in Museen ausgestellt und auf beistehenden Schautafeln abgebildet sind. Grabbeigaben, Skelette, Bronzezeitabfall, oft geschichtet oder auf verschiedene Ecken verteilt, weil solch ein aufwendig gebautes Konstrukt selten für nur eine Bestattung in nur einer einzigen Generation genutzt wurde. Feste wurden womöglich dort gefeiert, Versammlungen – sogenannte Things –, Hochzeiten und Gerichtsverhandlungen durchgeführt. Am Poppostein bei Sieverstedt soll der Sage nach im Jahr 960 der dänische König Harald Blauzahn getauft worden sein.

Glücklich ist, wer eine Karte besitzt, auf der die Stellen markiert sind, an denen man in Schleswig-Holstein Hünengräber oder Steinsetzungen findet. Er oder sie wird an einigen Orten auf ein Denkmal stoßen, das in seiner Größe und Bauweise so beeindruckend ist, dass allein die Frage, wie seinerzeit derart große Findlinge bewegt wurden, einen länger beschäftigen kann. An anderen Stellen wird man vor einem Haufen bemooster Steine mitten im Wald stehen und sich unsicher fragen, ob dies überhaupt der verzeichnete Ort ist. Wo soll denn hier der Grabhügel sein?

Manche der Grabstellen sind komplett freigelegt, dann steht womöglich ein stattliches Geviert aus kolossalen Feldsteinen auf einem Hügel hoch über der Landschaft und trägt eine Deckplatte aus Granit – einen »Überlieger« –, in die zu allem Überfluss auch noch rätselhafte Mulden eingemeißelt sind. Andere sind noch verborgen, und wenn man durch das Östliche Hügelland fährt und mitten auf einem Rapsfeld eine kleine Erhebung entdeckt, auf der Bäume wachsen, kann man davon ausgehen, dass sich darunter ein Grabmal verbirgt, das nur noch nicht freigelegt wurde, weil es offenbar aus archäologischer Sicht von keinem besonderen Interesse ist. Was kann die Fantasie mit so etwas anstellen! Oder eben auch nicht. Denn wie soll man sich eine Welt vorstellen können, von der nichts weiter übrig ist als überdimensionale Schlumpfhäuser aus Stein für ihre Toten?

Noch nicht genug Herausforderung? Sie möchten eine Sehenswürdigkeit, von der im Grunde gar nichts mehr zu sehen ist? Kein Problem in Schleswig-Holstein. Einer der spektakulärsten Fälle von »Hier war mal was« findet sich mitten im Wattenmeer. Im Mittelalter lagen dort mehrere Siedlungen – die berühmteste ist die Stadt Rungholt, deren Geschichte wir schon dargestellt haben –, und nicht nur wurden sie allesamt von einer einzigen Sturmflut weggespült, alle ihre kläglichen Spuren und Überreste, die nicht auf Nimmerwiedersehen in die Nordsee hinausgetragen wurden, liegen unter Schlick verborgen in einem der wichtigsten Naturschutzgebiete Deutschlands, dem Naturpark Wattenmeer. Dort ist es verboten zu graben, und selbst wenn es erlaubt wäre, man könnte es immer nur an wenigen Stunden des Tages überhaupt tun, wenn die Ebbe es zulässt, denn die Gebiete, auf denen die untergegangenen Siedlungen lagen, sind heute Meeresboden.

Trotzdem findet und fand man im Watt immer wieder Spuren von Bebauung und Hinterlassenschaften der alten Besiedelung. Die Funde werden in einer Dauerausstellung im Husumer Nissenhaus präsentiert. Sie sind wenig ansehnlich: Scherben oder Münzen, alte, körnige Fotos von Verfärbungen im Schlick – die Umrisse eines ehemaligen Brunnens oder die gerade Linie einer einstigen Ackerfurche. Aber sie erzählen eine derartig dramatische und für die Region so spezifische Geschichte, dass es einem den Atem verschlägt, wenn man für einen Moment allen eingeübten Zynismus der Vergangenheit gegenüber beiseitelässt. Es ist schließlich zivilisationsgeschichtlich nicht allzu lange her, dass dort, wo jetzt gar nichts mehr ist außer Schlick- und Sandwatt und die Ausscheidungen der Wattwürmer, Menschen und Tiere lebten und arbeiteten. Die Siedlungen inklusive der berühmten Handelsstadt waren verhältnismäßig klein, dabei schmutzig und nach heutigen Maßstäben provinziell und ganz sicher olfaktorisch genauso eine Zumutung wie andere mittelalterliche Dörfer und Städte ohne Kanalisation, aber davon einmal abgesehen unterschieden sie sich grundlegend kaum von den Orten, an denen wir derzeit leben. Und die Berufe, denen man dort nachging, glichen ebenfalls größtenteils den heutigen: Landwirte, Handwerker, Handelsleute, Kaufleute, Beamte und Diebe.

Hier kann die menschliche Fantasie zeigen, wozu sie imstande ist. Wer beim Anblick des bis zum Horizont reichenden Schlicks in seiner Vorstellung eine Stadt auferstehen lassen kann, Bauernhöfe, eine Kirche, Weiden und Gatterzäune, der hat wahrlich einen Orden verdient. Und wem, irgendwo vor Nordstrand mit bloßen Füßen im Watt stehend, bei dem Gedanken an all das kein Schauer über den Rücken läuft, der hat kein Herz.

Nun allerdings gibt es Menschen, die brauchen Handfesteres. Auch sie können in Schleswig-Holstein glücklich werden, denn schließlich hat man hier für sie die Norddeutsche Backsteingotik erfunden, und deren Vertreter sind zum Teil ebenso beständig wie so mancher Wall und so manche Moorleiche. So sehr es sich lohnt, die bulligen und zugleich außergewöhnlich romantischen Feldsteinkirchen der nördlichen Regionen zu besichtigen, die oft an besonderen Orten stehen und deren Mauern so dick sind, dass die Gemeindemitglieder im Krisenfall Zuflucht finden oder Lebensmittel und Wertgegenstände in Sicherheit bringen konnten, so sind doch allen, die sich für Architektur und Baukunst interessieren, die Besonderheiten der Norddeutschen Backsteingotik ans Herz zu legen, dieses für den Ostseeraum so prägenden Baustils. Und wer nicht gerade plant, mit einem Verzeichnis in der Hand durch die Lande zu reisen, sondern es gern etwas gebündelt hat, den sollte man auf direktem Weg nach Lübeck schicken.

Den Fotoapparat oder das Smartphone kann man getrost in der Tasche lassen, denn kein Foto der Welt wird den Eindruck einfangen können, den die Altstadt von Lübeck in petto hat. Was nützt es, eine hübsche Fassade zu fotografieren, wenn sie doch erst dadurch so interessant wird, dass die Straße gleich daneben zum Flussufer hin abfällt und sich dabei in eine schmale Gasse verwandelt, während der Kirchturm im Hintergrund wie ein mahnender Finger emporragt, sich in dem niedrigen Zugang zum Hinterhof eine Katze ausgiebig putzt und es von irgendwoher nach frisch geröstetem Kaffee duftet?

Na gut, vielleicht übertreibe ich ein bisschen, wenn es um Lübeck geht. Es gibt so viele schöne Städte und Städtchen, es gibt so viele besondere Ecken, und überall putzen sich potenziell Katzen malerisch. Aber wer einmal früh am Morgen über eine der Fußgängerbrücken über die Trave gehen musste, während es in dicken Flocken schneite, um auf überfrorenem Kopfsteinpflaster zum Buddenbrookhaus zu gelangen, der wird diese Mischung aus Lieblichkeit und hanseatischer Strenge, aus düsterer Melancholie und freundlicher Gemütlichkeit nicht so schnell wieder vergessen.

Im Buddenbrookhaus, dem Gebäude, in dem die Großeltern Thomas Manns lebten und das dem Haus in seinem Roman *Buddenbrooks* als Vorbild diente, befinden sich ein Museum und ein kleiner Thomas-Mann-Memorabilia-Laden, in dem ich nach meinem Studium als Aushilfe jobbte. In der Weihnachtszeit verkaufte ich viel Marzipan, Rotwein und Schmuckausgaben der mannschen Werke an gut gelaunte Feriengäste, von denen keiner etwas Schlechtes über Lübeck zu sagen hatte. Offenbar kamen sie alle auf ihre Kosten. Auf dem Marktplatz zwischen Rathaus und Marienkirche fand um diese Zeit ein Adventsmarkt statt, im Café Niederegger gab es Weihnachtsspezialitäten aus Marzipan und Nugat. Und auf der Altstadtinsel, einem ovalen Hügel, umgeben von Trave und Wakenitz, leuchteten die Fenster hinter den Backsteinfassaden wie die Elemente einer überdimensionierten Adventsdekoration mit Kerzenschimmer. Wer sich traute, aus der Menge der Flanierenden auszuscheren und durch einen der niedrigen Hofeingänge zu schlüpfen, fand sich unverhofft in einer idyllischen Abgeschiedenheit wieder, in einem Labyrinth aus Geheimpfaden, die einen irgendwo an anderer Stelle in der Altstadt wieder ausspuckten.

Nicht schlecht für eine Stadt, in der es nicht seltener regnet als in anderen norddeutschen Städten, in der es nicht seltener grau und neblig, windig und grieselig, nasskalt und fahl ist. Ich stelle in diesem Moment die gewagte Behauptung auf, dass die Innenstadt von Lübeck – als Gesamtheit betrachtet und vielleicht abzüglich der Nachkriegsbausünden, die in den Bombenlücken des Zweiten Weltkriegs entstanden sind – zu jeder Zeit des Jahres und an jedem Tag zu jeder Stunde schön ist.

Lübeck war, wie man heute noch am Autokennzeichen ablesen kann, im Mittelalter eine wichtige Hansestadt, sie ist ebenfalls die einzige Stadt in Schleswig-Holstein, die als Herkunftsort für einen Rotwein gelten kann. Der Trick dabei ist, den Rotwein aus Frankreich zu importieren – die Weinfässer waren einst Beifracht für die Salztransporte aus der Atlantikregion –, ihn für eine festgelegte Zeit in

Lübeck zu lagern und damit zu einem Lübecker Produkt umzudeuten. Rotspon ist üblicherweise ein Bordeaux, und der oben genannte Trick wurde bereits im 16. Jahrhundert ausbaldowert. Über das Marzipan und seine Erfindung werde ich an dieser Stelle kein weiteres Wort verlieren, denn das gehört eindeutig in das kulinarische Kapitel. Nur so viel: Marzipan und seine Konditorvariationen sind in Lübeck derart Tradition, dass man vor Kurzem bei Ausgrabungen eine mumifizierte Marzipannusstorte aus der Zeit des Zweiten Weltkriegs fand. Diese Torte ist Teil einer Marke, und wenn man sich in Frankfurt an der Oder in einem Café eine Lübecker Nusstorte bestellt, so wird sie genauso schmecken, wie wenn man es in Freiburg tut oder im Lübecker Café Niederegger selbst. Und die Chancen, dass diese Torte auch 1942 genauso geschmeckt hat, stehen gut.

In jenem Jahr, am 28. März 1942, hatte eine Familie in Lübeck genau solch eine Torte für die am nächsten Tag stattfindende Konfirmation der ältesten Tochter besorgt und im Keller kühl gestellt – so stelle ich mir das vor. Als mitten in der Nacht die Bomben fielen, wurde das Haus zerstört. Nur die Torte blieb in einem Hohlraum zurück… »Und das war das«, wie man in Norddeutschland sagt.

Der Fliegerangriff von 1942 war ein besonders verheerender. Er zerstörte ein Fünftel der Altstadt und traf auch die Marienkirche hart – die Orgel, auf der vermutlich noch Johann Sebastian Bach gespielt hatte, wurde durch einen Brand zerstört, die Glocken fielen vom Turm. 1947 wurde zügig mit dem Wiederaufbau begonnen. Denn die Marienkirche hat nicht nur für Lübeck Bedeutung. Sie gilt als »Mutter der Backsteingotik« im gesamten Ostseeraum. Zwischen dem 12. und 16. Jahrhundert entstanden viele Kirchen, Klöster und Gebäude in diesem Stil, von Polen bis in die Niederlande. Es gibt Backsteingotik auch an etlichen anderen Orten Europas. Ich nehme mir an dieser Stelle heraus, die Details grob zu vereinfachen.

Tatsache ist, dass die Dichte der mittelalterlichen Backsteingebäude im Ostseeraum besonders hoch ist – aus naheliegenden Gründen dort, wo auch der Einfluss der Hanse groß war –, und dass einer der starken Eindrücke, die Schleswig-Holstein bei interessierten Besuchern hinterlässt, mit diesem speziellen Baustoff zu tun hat. Die gotischen Kathedralen weiter im Süden wurden aus Naturstein gebaut, einem Baustoff, der im Norden kaum zur Verfügung stand. So nahm man, was zur Hand war, und baute damit so gotisch wie möglich, was einen eigenwilligen, leicht zu identifizierenden Stil hervorbrachte, weil Farbe und Eigenschaften der Steine natürlich ein Wörtchen in der Gestaltung mitzureden hatten. Im gleichen Zeitraum entwickelten sich in Norwegen und Schweden die komplett hölzernen Stabkirchen als eine Art Nebenzweig des gotischen Stils, der ebenfalls den Gesetzen des bevorzugten Baustoffes folgte. Die Marienkirche zu Lübeck jedenfalls ist deshalb die Mutter aller anderen Gebäude, weil sie zuerst kam und allen als Vorbild diente. Wer also nur Zeit für ein einziges Bauwerk hat, besichtigt einfach diese Kirche und weiß Bescheid. Wer mehr sehen möchte, fängt vielleicht am besten dort an und arbeitet sich dann weiter vor, zum Möllner Rathaus beispielsweise, zum Kirchlein am Meer in Husum oder zum Kloster Cismar.

Backsteingotik ist genau wie andere Gotik auch vor allen Dingen eine Frage der Bogenform. Das habe ich schon als Kind gelernt: Ist der Bogen rund, gehört er zur

Romanik (ein Stil, dem die meisten Feldsteinkirchen der nördlicheren Regionen zuzuordnen wären); hat er eine Spitze, ist der Stil gotisch. Alles in der Gotik strebt nach oben, zu Gott, alles ist spitz, alles lenkt den Blick von der Erde weg. So hübsch man die Verzierungen finden kann, die Türmchen und Streben, die durchbrochenen Ornamente, so streng und düster die beeindruckenden Gebäude daherkommen, vor denen ein einzelner Mensch sich zwangsläufig klein und unwichtig fühlen muss – der Werkstoff Backstein verleiht alldem auch etwas Nüchternes und mitunter sogar Putziges. Es ist nun mal das gleiche Mauerwerk, aus dem auch die kleinen, verfallenen Katen draußen zwischen den Feldern bestehen, in denen schrullige Witwen mit ihren 20 Katzen hausen. Backstein ist, wenn man sich in Schleswig-Holstein umsieht, der Baustoff Nummer eins, er ist nicht den Kirchen, Ratsgebäuden, Präsentationsbauten vorbehalten. Und so muss ein zweiter Blick her, muss man sich zu genauerem Hinsehen zwingen, wenn man die Kunstfertigkeit würdigen möchte, mit der die Visionen der Architekten und Planer mit Millionen kleiner rechteckiger roter Ziegelsteine umgesetzt wurden. Damit reihen sich die wunderbaren Gebäude aus der Zeit der Backsteingotik ein in die Gruppe der typischen schleswig-holsteinischen Sehenswürdigkeiten: Nur wer Augen hat zu sehen, der sieht.

Wer so weit gekommen ist, reale Gebäude anzuschauen, anstatt in leere Weiten zu starren, in denen die Fantasie die Fassaden hochziehen muss, kann auch gleich noch einen Abstecher nach Friedrichstadt machen. Die Stadt liegt vor den Toren der Halbinsel Eiderstedt, noch gerade so im Landkreis Nordfriesland, wo der Fluss Treene in die

Eider mündet, und sie ist selbstverständlich nicht das einzige Städtchen in der Gegend, das Charme hat und einen Besuch wert ist. Auf meinen Reisen durch das südlichere Schleswig-Holstein – Herzogtum Lauenburg, die Kreise Pinneberg und Steinburg, Stormarn oder Dithmarschen – habe ich mir so viele sehenswerte Orte notiert, dass es den Rahmen sprengen würde. Wer sich hier aufhält, wird jedenfalls keine weiten Strecken zurücklegen müssen, um idyllische Marktplätze, lauschige Kopfsteinpflastergässchen, Stadtmauern, Seepromenaden oder gut ausgestattete Heimatmuseen zu finden.

Friedrichstadt jedoch hat etwas, das die anderen nicht haben: Grachten. Der Grund dafür liegt natürlich in der Geschichte, und wenn die Wassergräben, die eine Stadt durchziehen, nicht »Kanäle« heißen, dann ist der Ursprung eigentlich schon klar: Es muss mit den Niederlanden zu tun haben. Tatsächlich ist Friedrichstadt, benannt nach ihrem Gründer, Herzog Friedrich III., eine Planstadt aus dem 17. Jahrhundert, die eine hübsche neue Handelsmetropole mit einem Hafen werden sollte. Bei Händlern und Hafenleuten dachte der Herzog sofort an die Niederländer, und so ließ er sich etwas einfallen, um sie nach Friedrichstadt zu locken (oder womöglich guckte er es sich einfach von König Christian IV. ab, der die gleiche Idee einige Jahre früher für die Gründung von Glückstadt an der Elbe gehabt hatte): Er gewährte der Stadt Religionsfreiheit, und niederländische Familien, die sich in ihrer Heimat aufgrund ihres remonstrantischen Glaubens unerwünscht fühlten, kamen zahlreich und bauten holländisch anmutende Häuser aus Material, das sie aus ihrer Heimat importierten, legten Grachten an und prägten das Stadtbild entscheidend mit.

Es folgten ihnen Mitglieder unterschiedlicher Religionen und Gemeinschaften, die in Friedrichstadt ihren Glauben offen leben konnten, sodass es hier zum Beispiel nicht nur ein Bethaus der Mennoniten gibt, das auch von den dänischen Lutheranern für Gottesdienste genutzt wird, sondern auch zwei jüdische Friedhöfe, einen neueren und einen alten, dessen lange Geschichte – im 19. Jahrhundert war die jüdische Gemeinde in Friedrichstadt die größte Schleswig-Holsteins – 1939 ihr verstörendes Ende fand und der heute immerhin noch als Denkmal existiert. Die Remonstranten-Kirche in Friedrichstadt war die erste der Welt, und noch heute kommt dorthin regelmäßig jemand extra aus den Niederlanden, um zu predigen.

Eine Metropole nach heutigen Maßstäben ist Friedrichstadt nicht. Ganz im Gegenteil haben die einmal außen herumlaufenden Grachten dafür gesorgt, dass die Stadt über Jahrhunderte nicht weiter wuchs. Und so ist sie eine kleine Besonderheit geblieben, ein erhaltenes Stück Geschichte, an dem man sehen kann, was herauskommt, wenn Herrscher Handelsstädte gründen und dabei eigene Regeln aufstellen. Friedrichstadt ist heute ein romantisches, zugleich belebtes Touristenstädtchen, mit Fotomotiven an jeder Ecke. Aber wer die Augen offen hält und die Ohren gespitzt und sich die Mühe macht, die kleinen Tafeln an den Häusern durchzulesen und die Stolpersteine auf den Gehsteigen wahrzunehmen, den weht auch hier etwas von den Zumutungen und Unbegreiflichkeiten an, die jeder langen Historie innewohnen und mit denen so viele Orte in Schleswig-Holstein getränkt zu sein scheinen. Wer Lust hat, sich über Wurzeln, Heimat, Toleranz und ihre Grenzen Gedanken zu machen, für den wird ein Spaziergang durch Friedrichstadt sicherlich zu einem philosophischen Erlebnis.

Zahlreiche Sehenswürdigkeiten wären noch zu nennen, Besonderheiten der Region, Ansichten, die es nur hier oder in vergleichbaren Gebieten gibt: Seehundsbänke und Heuler-Aufzuchtstationen, alte und neue Schleusen an alten und neuen Kanälen, das Eidersperrwerk. Sie können die Fußspitze des Till-Eulenspiegel-Denkmals in Mölln berühren, nach den Spuren des unsterblichen Grafen von St. Germain suchen, der offenbar doch in Eckernförde verstarb, weil ihm das Klima dort nicht bekam. Ich habe mich auf diejenigen beschränkt, die eine Eigenschaft teilen, die ich für unerlässlich halte, wenn man Schleswig-Holstein begegnen möchte: Sie alle sind unscheinbar und entfalten ihre Kraft, Magie, Anziehung (wie immer man es nennen möchte) aus der Sekundärinformation oder aus der individuellen Begeisterungsfähigkeit. Es ist leicht, vom Kölner Dom überwältigt zu sein, keine Kunst, sich das antike Leben vorzustellen, wenn man in Pompeji steht; eine Bergflanke, an der Reinhold Messners Bruder einst abstürzte, ist sicherlich beeindruckender als eine feuchte Fläche aus Schlick voller Wurmhäufchen. Aber wer gern seine Fantasie bemüht, wer es mag, dass Dinge auf den ersten Blick nicht zu begreifen sind, dass man tiefer einsteigen, hinter die Kulissen blicken, sich auseinandersetzen muss, und wer bereit ist, sich etwas erklären zu lassen, auf das man von selbst nicht kommen würde, der ist in Schleswig-Holstein gut aufgehoben.

Und wem so etwas Spaß macht, der kann nach all den alten Steinen, dem Matsch und den grasbewachsenen Hügeln für ein paar Stunden in Flensburg in die Phänomenta gehen, die Dauerausstellung zum Thema Physik gleich neben dem Nordertor – einem wunderschönen Backsteingebäude übrigens –, und sich noch einmal vorführen lassen, wie unzulänglich unsere Sinne sind, wenn wir sie nicht mit unserer Fantasie koppeln.

Im Niemandsland
Über das Leben an und mit Grenzen, Butterfahrten und Petuhtanten

Jan Christophersen

Was ist eine Grenze? Ein Strich auf der Landkarte, mal gerade wie mit dem Lineal gezogen, mal gezackt oder ausgebeult, als hätten die, welche den Verlauf zu erfassen versuchten, die Augen fest verschlossen und, einer inneren Stimme oder anderen Gefühlen nachgebend, dem Stift einfach freien Lauf gelassen. Klar, es gibt auch natürliche Grenzen, die Bergketten, Fluss- oder Küstenverläufen folgen, aber selbst diese sind irgendwann einmal zur Grenze erklärt worden. Eigentlich braucht eine Grenze keine Flussufer, keine Berghänge. Sie muss nur irgendwo eingezeichnet werden. Und sie ist daher auch nichts in Stein Gemeißeltes wie ein Naturgesetz oder ein mathematisches Axiom, an dem nicht zu rütteln ist. Im Grunde kann sie jederzeit neu bestimmt oder eben aufgegeben werden, je nach Gemütslage und gegenwärtiger Verfassung. Für die Ewigkeit sind Grenzen erfahrungsgemäß jedenfalls nicht gemacht.

Man denke etwa an die innerdeutsche Grenze zwischen der DDR und der BRD, die in Schleswig-Holstein von der Halbinsel Priwall bei Lübeck-Travemünde bis runter nach Lauenburg an der Elbe, der südlichen Begrenzung des Bundeslandes, verlief. Knapp 137 Kilometer lang, einige Jahrzehnte schwer bewacht und mit Waffen gesichert, Ort tragischer Fluchtschicksale, die zum Teil auch tödlich endeten, ist sie zwar nicht von einem auf den anderen Tag, aber doch sehr zügig wieder von der Karte verschwunden. Weg war sie. Aus dem Todesstreifen von einst mit seinen unmenschlichen Selbstschussanlagen und Minenfeldern ist heute das sogenannte Grüne Band geworden, das zu Fahrradtouren einlädt.

Ich kann mich gut an die Ausnahmezeit 1989/90 erinnern, als die Mauer fiel, vor allem an die neuen knatternden Autos auf der Straße, die bis zu uns rauf an die deutsch-dänische Grenze kamen. Ich weiß noch, wie sich der Geschäftssinn mancher Flensburger damals regte, die die neuen Märkte im Osten so schnell wie möglich erschließen wollten. Mit voll beladenem Kleinwagen wurden einige Tennisbekannte von mir, die älter als ich waren, nach Mecklenburg geschickt. Was sie geladen hatten? Pornohefte und Sexutensilien, von der berühmten Flensburger Erotikunternehmerin Beate Uhse, für den Osten gedacht.

Die heutige Bundesländergrenze zwischen Schleswig-Holstein und Mecklenburg hat im Alltag natürlich weit weniger spürbare Auswirkungen als die martialische innerdeutsche Grenze der Vergangenheit, über die beispielsweise die Grenzdokumentationsstelle Lübeck-Schlutup informiert. Man hört nur selten etwas über sie, was ein gutes Zeichen ist. In jüngster Vergangenheit hat eigentlich nur das coronabedingte Einreiseverbote nach Mecklenburg für hörbaren Unmut auf schleswig-holsteinischer

Seite geführt. Es ist immer das Gleiche mit Grenzen: Niemand interessiert sich besonders für sie, bis sie einem plötzlich im Weg stehen.

Die andere Grenze in diesem Landesteil, die deutsch-dänische, hat eine buchstäblich bewegte Vergangenheit hinter sich. Über die Jahrhunderte verlief sie mal weiter im Süden, mal weiter im Norden. Einst beschrieb der Fluss Eider, von Friedrichstadt im Westen über Rendsburg bis oberhalb von Kiel verlaufend, die Grenzlinie zwischen Schleswig und Holstein und somit auch zwischen preußischem und dänischem Einflussgebiet. Und so war und blieb es für lange, lange Zeit. Erst nach dem Deutsch-Dänischen Krieg von 1864 wurde Schleswig aus der dänischen Hoheit herausgelöst und Preußen zugeschlagen, sodass nun die Königsau oben in Jütland als nördliche Grenze Schleswigs zum Grenzfluss wurde, von Ribe an der Westküste bis nach Kolding an der Ostküste. Durch Tricksereien Bismarcks, der sich in einem Vertrag eigentlich verpflichtet hatte, binnen einer klaren Frist ein Referendum für Nordschleswig durchzuführen, blieb dies bis zum Ende des Ersten Weltkriegs so.

Wie im Geschichtskapitel bereits erwähnt, trennt oder verbindet die Grenze seit mehr als 100 Jahren an der Stelle, an der sie jetzt verläuft, die beiden Hoheitsgebiete, und obgleich es im Moment sicher keine ernsthaften Bestrebungen gibt, an dem Status quo noch einmal etwas ändern zu wollen, lässt sich das natürlich nie ganz ausschließen. Niemand kennt die Zukunft. Etwas Zufälliges, um nicht zu sagen Willkürliches haftet einer Grenzziehung letztlich immer an.

Zum Beispiel: Rosenkranz. Das ist ein kleiner Ort in Nordfriesland, über den der Maler Emil Nolde einst in seinen Erinnerungen schrieb, es sei »das schönste Dorf in unserem Friesenlande«, die Häuser »gereiht wie Perlen auf einer Gebetsschnur, jedes mit seinem eigenen Hafen und dem Bootsgraben zwischen Reth und Schilf zum Tief hinaus sich durchwindend«. Von dieser Schönheit ist heute wenig übrig geblieben. Ein Deich trennt das Dorf vom dahinterliegenden Aventofter Tief ab, das für Vogelkundler ein beliebtes Ausflugsziel darstellt. Legendär sind die schwarzen Vogelwolken aus Hunderten von Staren, die hier im Herbst über dem Wasser und der Landschaft ihre Runden ziehen. Es lohnt sich, dort einen Moment zu verweilen und auf das Rauschen und Flattern zu warten, wenn die Stare über einen hinwegziehen, und vom Schöpfwerk aus, durch das die Entwässerungsgräben der Landschaft ins Tief münden, ist obendrein Noldes bunkerartiges Atelier und Wohnhaus zu sehen, das er sich nur wenige Kilometer entfernt errichtet hat. Einen Besuch im Museum dort sollte man am besten gleich mit einplanen.

Heute verläuft die Ländergrenze direkt in Rosenkranz – und ich schreibe mit Absicht *in* Rosenkranz, denn hier gibt es eine Besonderheit, die mit der Verlegung der Grenze im Jahr 1920 nach der Volksabstimmung um Nordschleswig zu tun hat. Durch das Ergebnis war Rosenkranz zu einem Grenzort geworden, und für die genaue Festlegung der Grenzlinie war in dieser Gegend kurioserweise ein Japaner zuständig, der einer internationalen Kommission angehörte, die alles organisierte und kontrollierte. Eigentlich war es in Rosenkranz ganz einfach: Die Vidå/Wiedau, die sich durch das Tief und am Dorf vorbeiwindet, eignete sich perfekt als Grenzfluss. Dort würde natürlich die Grenze zwischen Dänemark und Deutschland verlaufen, klare Sache.

Ein Dorfbewohner jedoch, dessen Grundstück demzufolge in Sichtweite der neuen Grenze, allerdings auf deutscher Seite gelegen hätte, bekniete den Japaner, es ihm doch bitte schön zu ermöglichen, seinen lang gehegten Traum zu verwirklichen und endlich und wahrhaftig auf dänischem Hoheitsgebiet leben zu können. So nahe der Grenze und doch so weit entfernt von seinem Land – das wäre eine schwere Bürde für ihn gewesen. Mit seinem Herzenswunsch lag er dem Japaner anscheinend so lange in den Ohren, bis dieser weich wurde und entschied, dass die Anwohner eines Abschnitts der Dorfstraße ein zweites Mal abstimmen sollten. Mit dem Ergebnis, dass die Grenze in Rosenkranz nun eben nicht außerhalb des Dorfes durch den Fluss führt, sondern mitten durch die Straße und die letzten Häuser am nördlichen Dorfrand auf der linken Straßenseite somit dänisch, die auf der rechten deutsch sind. Zu merken ist davon nicht viel. In der Mitte der Straße ist lediglich ein Stein eingelassen, auf dem eine Linie den Grenzverlauf anzeigt. Links davon steht *D* für Dänemark, rechts *DRP* für Deutsches Reich und Preußen.

Mich haben Grenzgeschichten seit jeher interessiert, nicht zuletzt literarisch. Immer wieder schleichen sie sich in meine Texte – auch in diesen –, und die anhaltende Faszination für das Thema erkläre ich mir natürlich biografisch. Eine Kindheitserinnerung: Hotdogs essen bei Annies Kiosk vor den Ochseninseln, drüben auf der dänischen Seite der Flensburger Förde, in Sønderhav/Süderhaff. Meine Familie hatte damals, ich war vielleicht acht Jahre alt, einen Wochenendausflug dorthin unternommen, was auch heute noch eine empfehlenswerte Idee ist, und erst hinter der Grenze war uns aufgefallen, dass mein Kinderpass abgelaufen war. Besorgt fragte ich meine Eltern, was denn wohl mit mir passieren würde, wenn das bei der Rückfahrt herauskäme, und irgendjemand sagte: »Ach, das ist halb so wild. Dann musst du eben im Niemandsland bleiben.« Ich war verständlicherweise schockiert. Während wir uns dem Grenzübergang näherten – und vielleicht kauften wir noch schnell bei »Rita« ein, dem großartigen Grenzshop in Kruså/Krusau, den es leider nicht mehr gibt: dänischer Joghurt, dänisches Lakritz, Franskbrød mit dem typischen weißen Mohn, einfach herrlich –, sah ich mich bereits allein auf diesem schmalen Streifen Land zwischen den Gebäuden der Grenzbeamten hausen, unter freiem Himmel, frierend, im pladdernden Regen natürlich … Mein Essen musste ich mir erbetteln oder zusammenklauen … Manchmal kam meine Familie mich besuchen, um mir Gesellschaft zu leisten… Eine rege Fantasie ist mitunter von Nachteil.

Zum Glück wurden wir auf der Rückfahrt einfach durchgewinkt, gewohnt lässig, kaum bewegte sich die Hand des Grenzbeamten. Doch anstatt die Gelegenheit zu nutzen und den Ort zügig zu verlassen, hielt mein Vater an und plauderte zu meinem Entsetzen mit einem der Beamten. Die beiden kannten sich von irgendwoher. Für mich dauerte es eine Ewigkeit, bis wir endlich weiterfuhren und ich mich in Sicherheit fühlen konnte. Und dieses Gefühl des Ausgeliefertseins prägte sich mir ein. Ich glaube, dass mir damals etwas über die zwei Seiten von Grenzen bewusst geworden ist. Die gleiche Grenze, die ich üblicherweise mit Hotdogessen, Lakritzstangen und Softeis verband, die sich verlässlich vor mir öffnete, wann immer mir danach war, konnte sich genauso gut als bedrohlich und unüberwindbares Hindernis herausstellen.

Bis heute ist es für mich jedenfalls ein alltäglicher Gedanke, dass hinter einem Gewässer ein anderes Land liegen muss. (Dass das nicht überall so ist, muss ich mir stets aktiv bewusst machen.) Da zeigt sich das Aufwachsen an der Flensburger Förde. Drüben am anderen Ufer liegt Dänemark, selbstverständlich. Im Dorf meiner Jugend befand sich das andere Land immer in Sichtweite, einmal rüber über die Förde, und wenn ich heute am Fördeufer spazieren gehe – wohlgemerkt auf deutscher Seite –, erwarte ich bereits die Begrüßungs-SMS, die mich in Dänemark willkommen heißt, weil sich mein Handy automatisch mit dem viel besseren Netz aus dem Nachbarland verbindet.

Dänemark ist stets ziemlich nah, und auf der Einkaufsstraße in Flensburg, dem Holm, ist es vollkommen normal, jede Menge dänische Stimmen zu hören. Mitunter, wenn die Dänen einen Ferientag begehen, den wir nicht haben, kann einem diese Grenzstadt deshalb sehr dänisch vorkommen. Da denke ich dann immer an den Ausruf meiner Schwiegeroma, die, sobald sie das Wort »Flensburg« hörte, verlässlich feststellte: »Oh ja, zum Glück ist das deutsch geblieben!« Stimmt schon, Flensburg ist eine deutsche Stadt, jedoch mit viel dänischem Anteil. Überall finden sich zweisprachige Beschriftungen, die dänische Minderheit hat ihre großartig ausgestattete Bibliothek, es gibt dänische Kirchengemeinden, dänische Kindergärten und Schulen, und das alles mittlerweile ohne viel Ärger. Gern werden die Grenzregion in Schleswig-Holstein und die Minderheitenpolitik ja als vorbildlich in der Öffentlichkeit dargestellt. Und so ist es wohl auch. Der Umgang mit den jeweiligen Minderheiten ist zivilisiert, also vorbildlich. Die nationalen Muskelspiele, die nicht immer nur Spiele, sondern eben auch handfeste Kriege waren (siehe das Kapitel über die Geschichte des Landes), liegen glücklicherweise hinter uns. Die Grenzkonflikte, die mehrfach zur Verlagerung des Verlaufes geführt haben, gehören der Vergangenheit an, wo sie sicher am besten aufgehoben sind. Solche Probleme kann heute wirklich niemand brauchen. Offene Grenzen und Übergänge, von denen man dank Schengen kaum noch etwas merkt, sind ganz klar die bessere Lösung.

Wenn es in diesen Tagen noch zu Grenzverstimmungen kommt, dann haben sie am ehesten mit Wildschweinzäunen zu tun, die auf dänischer Seite erbaut wurden, um das Land und vor allem die profitable dänische Schweinezucht vor der Afrikanischen Schweinepest zu schützen. Nördlich der Grenze gibt es seit Ende 2019 einen 70 Kilometer langen und 1,5 Meter hohen Stahlzaun, der aus deutscher Sicht doch eher wie ein symbolischer Akt wirkt. Zum einen wird von Experten bezweifelt, ob nun wirklich Wildschweine und nicht doch eher Menschen für die schnelle Ausbreitung der Seuche verantwortlich gemacht werden können, und zweitens sind Wildschweine gar keine üblen Schwimmer, sodass sie zumindest theoretisch die Abkürzung über die Förde nehmen könnten. (Ich hoffe, das hier liest kein deutsches Wildschwein und fühlt sich dadurch zum illegalen Grenzübertritt animiert …)

Außerdem wird die Grenze natürlich immer dann zum Thema, wenn sie geschlossen wird. Das kommt nur selten, gelegentlich aber doch vor. So hat Dänemark im Jahr 2015 im Zuge der großen Flüchtlingsströme, die Europa erreichten, zeitweilig Kontrollen eingeführt. Für gar nicht wenige Flüchtende wurde Flensburg zum Ort, an dem es für sie erst einmal nicht weiterging. Viele hatten Schweden als Ziel im Sinn, saßen aber am Bahnhof in Flensburg fest, weil ihnen die Weiterreise verweigert wurde. Ehrenamtliche Helfer haben damals die Familien im Bahnhofsgebäude versorgt. Ein eher irres Schauspiel war das in der kalten Wartehalle: Hinter Flatterband stapelten sich Rucksäcke und Koffer der Flüchtenden, kleine Kinder schliefen in notdürftig aufgestellten Reisebetten, während Flensburger Pendler an ihnen vorbei betroffen ins Freie strebten. Tatsächlich haben sich einige dieser Gestrandeten schließlich ohne offizielle Erlaubnis aufgemacht und sind zu Fuß über die Grenze nach Dänemark gegangen. Niemand hat sie aufgehalten. Das Foto des Flüchtlingstrecks, der auf der dänischen Autobahn, von der Polizei bewacht, Richtung Norden weiterzog, ging selbstverständlich durch die Presse.

Genauso deutschlandweit wahrgenommen wurde ein anderes Foto, diesmal aus dem Coronajahr 2020, als die Grenze aus Pandemiegründen – übrigens wieder von dänischer Seite – geschlossen wurde. Es zeigt einen provisorisch verbarrikadierten Übergang im nordfriesischen Aventoft: rot-weiße Absperrungen, eine flache Steinmauer, auf der eine Thermoskanne, Trinkbecher und Kekse in Tupperdosen stehen, und links und rechts davon ein, wie es heißt, »rüstiges Rentnerpaar«, beide in den 80ern und voneinander getrennt durch die Ländergrenze. Sie, auf dänischer Seite, sitzt auf einem gemütlichen Polsterstuhl und kommt aus Tønder/Tondern; er, in Arbeitskleidung auf einem Klappstuhl, Schiebermütze auf dem Kopf, tatsächlich »strumpfsock«, wie man in Nordfriesland sagt, kommt aus dem deutschen Süderlügum. Weil die

Grenzschließung es den beiden während der Coronapandemie nicht erlaubte, sich gegenseitig zu besuchen, haben sie sich mehrere Wochen lang hier, auf halber Strecke zwischen ihren Wohnorten, täglich am Übergang getroffen, wie von den Medien mehrfach dargelegt. »Freundschaft am Schlagbaum« lautete eine Überschrift oder »Rendezvous mit Schatzi: Freundschaft kennt keine Grenzen«. Über das glückliche Zusammenkommen, nachdem das Passieren der Grenze wieder erlaubt war, wurde dann natürlich ebenfalls groß berichtet.

Üblicherweise aber ist die Grenze für Pendler und Urlauber heute keine große Sache mehr. Die Schlagbäume und Anlagen sind nach Inkrafttreten des Schengener Abkommens abgebaut worden. Im Grunde weisen nur noch die Beschilderung, die herabgesetzte Geschwindigkeit und der veränderte Straßenbelag darauf hin, dass man eine Ländergrenze überschreitet.

Am letzten Tag der regulären Kontrollen, dem 25. März 2001, bin ich tatsächlich noch einmal nach Rosenkranz gefahren und habe mir dort von dem Beamten in seinem kleinen Häuschen einen Stempel in meinen Reisepass geben lassen. Es war eine eigenartige Mischung aus Amüsement und Resignation, mit der der Grenzer diese Amtstätigkeit ausübte. Und ich war nicht der Einzige an diesem Tag, der sich seinen Stempel abholte. Hier ging schließlich etwas zu Ende, das lange Zeit üblich gewesen war. Als Bewohner des Grenzlandes komme ich bis heute nicht umhin, die »echten« Kontrollen beim Grenzübertritt irgendwie zu vermissen, obgleich ich ohne Einschränkung natürlich davon überzeugt bin: Offene Grenzen sind ein begrüßenswerter Fortschritt.

Nur die Butterfahrten – die vermisse ich doch sehr! Dabei kommt es mir weniger auf den zollfreien Einkauf an, obwohl das eine nette Angelegenheit war. Kaum in See gestochen mit einem der Dampfer, die damals vom Flensburger Hafen aus starteten – am liebsten mit der *Moby Dick,* die einen lächelnden Wal am Bug hatte und passend zum Namen massiger als die anderen Fördedampfer war –, kam die Durchsage, dass jetzt der Duty-free-Shop geöffnet sei. Schon strömten sie alle in den Bauch des Schiffes, um stangenweise Zigaretten zu kaufen, Pfeifentabak, Literflaschen Aquavit oder Whisky, Kaffee, Kosmetik und natürlich haufenweise Süßkram: finnisches Fazermint, dänisches Lakritz, Weingummi und nach Erdbeere schmeckende meterlange Schnüre.

Butter konnte man auch bekommen, gesalzen oder ungesalzen, aber das war zu meiner Zeit schon nicht mehr das Entscheidende. Früher lohnte sich die Dampferfahrt bereits für die mit einigem Abstand billigeren Molkereiprodukte aus Dänemark, daher der Name Butterfahrten. Später wurde das zollfreie Einkaufen zum Markenzeichen der Fördeschifffahrt. Zunächst genügte es, dafür das deutsche Zollgebiet zu verlassen. Eine kleine Runde über die Förde bis Glücksburg und zurück reichte; währenddessen konnte man den Ausblick genießen, Kaffee trinken, Kuchen essen, an den Spielautomaten das Kleingeld verjubeln und nebenbei zollfrei einkaufen. Seit Anfang der 80er musste nach Gerichtsurteil allerdings auch das andere Land angesteuert werden. Pragmatisch, wie man hier sein kann, wurde das entweder mit einem kurzen Anlegen in Sønderborg/Sonderburg erledigt, bevor die Fahrt zurückging, oder man stieg in die bereits wartenden Busse, die einen nach Deutschland zurückbrachten. Für die dänischen Passagiere, die vor allem Zigaretten, Bier, Wein und Schnaps auf den Dampfern kauften, galten damals besonders strenge Einfuhrbestimmungen. In der Konsequenz führten diese dazu, dass die gekauften Waren noch an Bord verzehrt werden mussten. Kein Wunder also, dass die Dampfer im dänischen Volksmund den Namen »Alkoholschiffe« erhielten. Es muss aber auch viel geraucht und Kaffee getrunken worden sein ...

Meine Großeltern mütterlicherseits sind häufig mit den Dampfern gefahren und haben wie viele andere die maximal erlaubte Menge an Zigaretten und Schnaps für Nachbarn und Freunde eingekauft. Ich war mitunter dabei und habe es geliebt. Im Sommer 1999 endete durch EU-Beschluss die Zeit der Butterfahrten, was das langsame Ende der weißen Fördedampferflotte einläutete. Sehr schade. Natürlich ist es weiterhin schön, etwa mit dem historischen, kohlebefeuerten Salondampfer *Alexandra* einen Ausflug auf der Förde zu machen, aber die Schifffahrt, wie ich sie kennengelernt habe, gehört leider der Vergangenheit an.

Dabei habe auch ich nur einen mageren Abklatsch dessen erlebt, was einst in Flensburg üblich war. Zu Beginn des letzten Jahrhunderts hat es täglich bis zu 100 An- und Ablegemanöver im Hafen gegeben. Ausflugsdampfer schipperten damals, schwarzen Rauch ausstoßend, ständig über die Förde, an Bord unter anderem die legendären Petuhtanten. Das waren – so geht die Mär – Flensburger Damen, die eine Dauerkarte für die Dampferflotte besaßen, eine Partoutkarte, was ihren Namen erklärt: partout = petuh. Und diese Damen waren nicht nur resolut, sondern sie redeten auch in einer besonderen Sprache daher, dem sogenannten Petuhtantendeutsch.

Das ist ein krudes Gemisch aus Deutsch und Dänisch, jeweils in seiner Hoch- und Plattversion, wobei vor allem die Grammatik und die Aussprache Anleihen aus dem Nachbarland gezogen haben, viel scharfes S, eigenartige Verdrehungen und praktische Verkürzungen. Das konnte dann etwa so klingen: »Wie szoll ich szitzen bei außem Licht und szuen Rollon und nähen abbe Knöppe bei an?« (Wie soll ich bei ausgeschaltetem Licht und geschlossenen Rollos abgetrennte Knöpfe annähen?) Oder: »Ohaueha, dat is kein Wedder und jagen ein Hund aus in.« (Oha, ein Sauwetter, bei dem man nicht mal den Hund rausjagen mag.)

Die Schauspielerin Renate Delfs hat viel für die Bewahrung dieser Stadtsprache getan, mit Büchern, Auftritten und CD-Aufnahmen, doch im Flensburger Alltagsdeutsch wird man heute nur noch einige Überbleibsel finden. »Szünde is dat«, hätten die Petuhtanten wohl gesagt, also: bedauerlich, und zumindest das Wort »Sünde« ist in Flensburg und Umgebung weiterhin sehr verbreitet, wenn man Mitleid ausdrücken möchte. Für Außenstehende ist es sicher seltsam, wenn man zu einem Kind, das gestürzt ist, bedauernd sagt: »Wie szünde!« Außerdem wird in der Stadt noch immer das Wort »sollen« gern in einem Zusammenhang genutzt, bei dem sonst eher »möchte« oder »muss« angesagt wäre: »Ich szoll noch ein Stück Kuchen haben« oder »Szoll ich zahlen?« Und damit sind wir wieder bei den Werner-Comics. Wer Meister Röhrich zuhört, bekommt ein ungefähres Gefühl für den Sound des Flensburger Schnacks, wie ihn etwa meine Großmutter väterlicherseits gesprochen hat: »Szoll ich so tun, Fru Hansen?« oder »Tut das Not, dass das hier so rumoxidiert?«

Manches an Flensburg, wie eben die Fördeflotte, war einmal. Den Namen »Rumstadt«, der einst angebracht war, kann man heute kaum noch rechtfertigen, da von den Dutzenden Rumfirmen der Vergangenheit nur eine einzige, aber gute übrig geblieben ist. Trotzdem kennt man Flensburg als nördlichste Stadt Deutschlands, kurz vor Dänemark. Einige wissen, dass in Flensburg ganz gut Handball gespielt wird. Außerdem gibt es hier das Kraftfahrtbundesamt, an das Autofahrer mit hohem Punktekonto sicher nur ungern denken. Über ein anderes wichtiges Kapitel aus der Stadtgeschichte ist allerdings eher wenig bekannt, denn in dieser abgelegenen Grenzstadt spielte tatsächlich der sehr kurze Schlussakt des sogenannten Dritten Reichs.

Die letzte NS-Regierung unter Dönitz und Co. hatte sich nach Hitlers Selbstmord in Berlin Ende April 1945 auf das Areal um die Marineschule in Flensburg-Mürwik geflüchtet, um von hier aus die dürftigen Überreste des Reichs zu verwalten. Viel zu tun hatte diese Regierung nicht mehr angesichts des Totalzusammenbruchs an allen Ecken und Enden. Von hier aus wurden Emissäre für die Verhandlungen und Unterzeichnung der Kapitulation losgeschickt, das Ende des Krieges wurde, wie gesagt, über den »Reichssender Flensburg« verkündet, und hier wurde schließlich auch die letzte NS-Führung öffentlichkeitswirksam festgenommen.

Das Dritte Reich endete am 23. Mai 1945 ziemlich trist auf dem Hinterhof des Polizeipräsidiums in Flensburg, Norderhofenden 1, wo Dönitz, Speer und Jodel noch einmal der Weltpresse vorgeführt wurden, bevor sie in Gefangenschaft gingen. Dönitz war alles andere als einverstanden mit der Zurschaustellung durch die Alliierten.

Man habe ihn doch tatsächlich wie einen Verbrecher behandelt!

Die Flensburger draußen nahmen von diesem absurden Kammerspiel wenig Notiz. Sie hatten, wie die allermeisten Menschen zu dieser Zeit, anderes zu tun. Die Straßen und Häuser der Stadt waren übervoll mit Flüchtlingen aus den Ostgebieten, nur knapp mit dem Leben davongekommenen KZ-Häftlingen, mit Soldaten, die aus Skandinavien zurückströmten, Besatzern und NS-Verbrechern, die von hier aus über die sogenannte Rattenlinie etwa nach Argentinien entkamen. Für mich war und ist es immer noch eine seltsame Vorstellung, dass mein Vater als Sechsjähriger damals genau hier lebte, während unter anderem Heinrich Himmler ein paar Straßen weiter seine letzten Aktionen plante, bevor er untertauchte, schließlich an der Elbe aufgegriffen wurde und wie so viele andere NS-Größen Selbstmord beging. So weit weg ist Geschichte mitunter gar nicht.

Ich bin, nicht obwohl, sondern *weil* Flensburg eine eigentlich unaufregende Stadt ist, ganz zufrieden, hier geboren und in unmittelbarer Nähe aufgewachsen zu sein. Das dänische Wort *hyggelig,* das in etwa »gemütlich« bedeutet, scheint wie gemacht für diese Stadt.

Vor einigen Jahren musste ich einmal eine Zugfahrt von Bremen nach Kopenhagen buchen, und die Bahnangestellte, die mir die Verbindung heraussuchte, schaute mich mitleidig an, als sie sah, was der Computer ausgespuckt hatte: »Tja, da müssen Sie in Flensburg umsteigen.«

Ich verstand nicht gleich, was das Problem darstellte.

Sie erklärte: »Da sagen sich ja wohl Fuchs und Hase gute Nacht.«

»Stimmt«, sagte ich. »Ich komme da her.«

Der Bahnangestellten war ihre Aussage erkennbar unangenehm. »Aber schön ist es da«, sagte sie schnell. »Habe ich gehört.«

»Richtig«, sagte ich. »Sie können ja mal hinfahren und selbst nachschauen.«

»Mach ich.«

Und das empfehle ich jedem.

Pharisäer, Tote Tanten und Errötende Jungfrauen
Schleswig-Holstein kulinarisch

Mareike Krügel

Im Restaurant Fährhaus auf der grünen Halbinsel Holnis, die in die Flensburger Förde hinausragt und von deren Strand aus Dänemark so zum Greifen nahe scheint, dass man Lust hat, einfach hinüberzuschwimmen, bestellte sich im Jahr 1981 ein Herr nach dem Essen einen Pharisäer.

Hierbei handelt es sich um ein Heißgetränk, das man üblicherweise am Nachmittag zu sich nimmt, und anders als bei den meisten kuriosen Bezeichnungen im Lebensmittelbereich gibt es dazu eine richtig nette Geschichte, die ich an dieser Stelle kurz dazwischenschiebe: Auf der Insel Nordstrand trank man auf Beerdigungen und Taufen offenbar gern so viel, dass die feierliche Stimmung regelmäßig ausartete. Der Pastor verfügte daraufhin, dass Alkohol bei diesen Zusammenkünften verboten war. Aber die armen durstigen Nordstrander ließen sich etwas einfallen: Sie kippten reichlich Rum in den Kaffee und bedeckten das Ganze mit einer großzügigen Sahnehaube, damit man den Alkohol nicht roch. Der Pastor bekam eine Version ohne Rum. Die Gesellschaft trank also munter den Kaffee mit Schlagsahne und wurde offenbar so ausgelassen, dass der Pastor irgendwann Verdacht schöpfte. Er nippte am Kaffee seines Sitznachbarn, erkannte den Betrug und rief aus: »Oh, ihr Pharisäer!«

Nun, der Gast im Holnisser Fährhaus bestellte sich also einen mit Rum versetzten Kaffee mit Schlagsahne und fand nach einigen Schlucken, dass sich die gewünschte Wirkung nicht einstellte. Es war eindeutig zu wenig Rum in dem Kaffee. Er ließ den Wirt kommen und beklagte sich. Der Wirt entgegnete, er habe exakt zwei Zentiliter Rum in das Glas gegeben, das sei vollkommen ausreichend. Der Gast wurde ungehalten und weigerte sich, das Getränk zu bezahlen, was der Wirt gar nicht witzig fand. Am Ende landete der Streit vor Gericht.

Wie aber kann man bei einer Angelegenheit zu einem Urteil kommen, für die es keine schriftlich festgehaltene Wahrheit gibt? Dafür muss die zuständige Richtperson eine ganz eigene Einschätzung vornehmen, und da in den Rezepten für Pharisäer keine festgelegte Alkoholmenge angegeben wird, sondern nur von einer »wärmenden Wirkung« und einem »kräftigen Geschmack« die Rede ist, blieb dem zuständigen Richter zur Klärung bloß die Verkostung. Durchgeführt wurde dieser juristische Akt in einem kleinen gemütlichen Gasthaus an der Landstraße nach Glücksburg. Sicherlich ist in den Gerichtsakten dokumentiert, wie viele Pharisäer an diesem Tag probiert wurden. Am Ende stand jedenfalls fest: Zwei Zentiliter Rum waren auch dem Richter eindeutig zu wenig, um Wärme und Geschmack zu garantieren. Der Gast, der seinerzeit zähneknirschend sein Getränk bezahlt hatte, bekam – so sah es das Gerichtsurteil vor – den Preis seines Pharisäers zurückerstattet. Man soll nicht sagen, dass es unfair zugeht im nördlichsten Bundesland.

Die ganze Pharisäer-Geschichte hat im Übrigen noch einen kleinen Anhang. Vor einigen Jahren inszenierte das lokale Fernsehen eine Wiederbegegnung zwischen den Streitparteien. Der ehemalige Wirt und der damalige Gast tranken einen Pharisäer zusammen und ließen sich dabei filmen. Wenn man der Berichterstattung glauben darf, lachen beide heute über die Angelegenheit. Vielleicht erzählt das von allem am meisten über die Einwohner Schleswig-Holsteins, die als Sturköppe gelten, aber nach meiner Erfahrung jederzeit in der Lage sind, einander die Hände zu reichen, wenn es gegen den Rest der Welt geht. Die Norddeutschen werden einen Teufel tun und in der Öffentlichkeit keine geschlossene Front bilden. Streit gehört hierzulande nicht ins Fernsehen.

Solch ein Landgasthof an einer Ausfallstraße wie jener, in dem der Pharisäer-Streit entschieden wurde, findet sich noch heute an vielen Stellen in Schleswig-Holstein, und wenn man dort einkehrt, darf man nicht erwarten, ein vegetarisches Gericht auf der Karte zu entdecken, das nicht aus den Beilagen aller anderen Gerichte zusammengestellt wurde. Die Chancen stehen außerdem gut, dass man hier statt Olivenöl, Balsamico oder Sojasoße die früher unverzichtbare Flasche Maggi vor sich auf dem Tisch stehen hat, oben an der Öffnung etwas angetrocknet und leise nach Wildschwein duftend. Wenn Sie sich in einem solchen Setting wiederfinden, bestellen Sie am besten ein Gericht, dessen Namen Sie vorher recherchiert haben. Wie wäre es mit Schnüsch, einem Eintopf aus

Gartengemüse, von dem man sich auch ohne ein Foto anhand des lautmalerischen Worts vorstellen kann, wie es auf dem Teller aussieht?

Allerdings sterben mit der Generation, die sich in den 80er-Jahren des 20. Jahrhunderts leidenschaftlich über die wärmende Wirkung des Pharisäers streiten konnte, auch die Landgasthöfe in dieser Form aus. Um bestehen zu bleiben, müssen sie für die Feriengäste interessant werden und bieten daher Standardessen an, die man überall kennt, oder transponieren die norddeutsche Hausmannskost – durchaus gekonnt – in die gehobene Küche. In jedem Fall werden die Gerichte mit den lustigen Namen immer öfter nur noch mit Ironie oder Nostalgie serviert.

Zum Essen trinken Sie am besten Bier. Wein bestellen Sie sich bitte in einem Weinanbaugebiet. Ein Bekannter von mir landete nach einem Jagdausflug im schleswigholsteinischen Hinterland einmal mit seinem Begleiter in einem Landgasthof. Der Begleiter, der an diesem Tag offensichtlich das Abenteuer suchte, bestellte sich einen Rotwein. (An dieser Stelle unterbreche ich diese spannende Anekdote kurz, damit alle, die sich auskennen, einmal laut auflachen können.) Der Wirt jedoch lachte nicht, sondern freute sich. Er habe, sagte er, zum Glück etwas besonders Schönes da, etwas »ganz Feines«, wie er versicherte. Woraufhin er zum Kühlschrank ging, eine bereits offene Flasche Rotwein hervorholte, an der Öffnung schnupperte, dann den Daumen draufhielt und kräftig schüttelte, bevor er ihn servierte.

Mit Bier als Getränk hingegen liegen Sie hier oben eigentlich immer richtig. Die Flensburger Brauerei ist berühmt wegen ihrer Flaschen mit Plopp-Verschluss, die so wundervoll wiederverschließbar sind, dass sie – ausgespült und neu befüllt – die idealen Ausflugsflaschen sind. Schon als Kind hatte ich auf der Klassenfahrt eine Bierflasche dabei, in der ich kohlensäurehaltige Getränke auslaufsicher transportieren konnte.

Alle anderen Getränke, die typisch für den Norden sind, haben eine gemeinsame Eigenschaft: Sie wärmen. Entweder werden sie heiß serviert, oder sie enthalten Alkohol, in vielen Fällen trifft beides zu. Es gibt hier zu wenige laue Sommerabende, oder sie kommen jedenfalls zu unzuverlässig vor, als dass sich aus ihnen eine langjährige Trinktradition hätte entwickeln können. Dass es über das Jahr zahlreiche kalte, nasse, graue Tage gibt, ist hingegen so sicher wie das Amen in der Kirche. Kein Wunder also, dass jede Region ihr eigenes trinkbares Rezept gegen Kälte und Blues hat. Man trinkt Teepunsch mit Köm, Tote Tante, Pharisäer, Möwenschiet, Aquavit, Schwarze Sau, Grog oder Glögg oder Muck, und Rum kann man sowieso in alles kippen. Das schmeckt immer. Was den Köm angeht, einen Kümmelschnaps, der in Schwarztee gegeben wird, gilt das Flüsschen Arlau als Nord-Süd-Grenze. Nördlich der Arlau trinkt man *geele* Köm, also »gelben«, südlich *witte,* also klaren, »weißen« Köm.

Möwenschiet – Schnaps in einem Gläschen, das von einer Wurstscheibe zugedeckt wird, auf die ein Klacks Senf gehört, etwas, das genauso widerlich ist, wie es klingt – wird in manchen Regionen mit Leberwurst zubereitet, in anderen mit Mettwurst. Falls man Ihnen zur Begrüßung so etwas anbietet – so geht es: erst die Wurstscheibe essen, dann mit dem Schnaps nachspülen. Man darf aber auch dankend abwinken.

Tote Tante ist das, was in anderen Bundesländern Lumumba heißt: heiße Schokolade mit Rum. Das beste Getränk gegen kalte Zehen, das ich kenne. Schwarze Sau ist ein Lakritzlikör, der sich leicht selbst herstellen lässt, indem man Salmiakbonbons (am besten »Türkisch Pfeffer«) in Korn auflöst. Grog besteht aus den drei Zutaten heißes Wasser, Rum und Zucker in variablen Anteilen; man sagt: »Rum mutt, Zucker kann, Water bruukt nich«, um die Prioritäten zu verdeutlichen. Glögg ist die skandinavische Version von Glühwein, er enthält außer heißem Rotwein und weihnachtlichen Gewürzen auch noch Mandeln und Rosinen, die am Ende aus der Tasse gelöffelt werden können. Muck, auch Angler Muck, kann heiß oder kalt zubereitet werden. Heiß ist er quasi Grog mit Zitronensaft, kalt nimmt man einfach Limonade. Serviert wird er in einer Kanne, dem sogenannten Pott (also Topf auf Hochdeutsch), aus dem sich jeder bedienen kann.

Mit diesem Vorwissen können Sie bedenkenlos in jeder Gastwirtschaft am Wegesrand einkehren. Sie sind gewappnet. Alle anderen Getränke sind neumodischer Kram, dürfen aber natürlich trotzdem bestellt werden. Man sollte eben nur nicht erwarten, dass sie mit allzu großer Sachkenntnis hergestellt werden. Wohingegen die akkurate Zubereitung eines Traditionsgetränks nun mal Ehrensache ist. Und wenn Sie unzufrieden sind, können Sie ja den Wirt einfach verklagen.

Meine weitläufige Familie trifft sich einmal im Jahr in der Vorweihnachtszeit zum Feiern in einem ländlichen Gasthaus. Da gibt es dann das letzte Essen, das man garantiert ironiefrei und ohne Sorge, dass jemand es mit frischem Koriander modernisiert hat, bestellen kann: Grünkohl.

Der Grünkohl wird auch Palme des Nordens genannt, weil er in seiner wedelartigen und kopflastigen Erscheinung sehr exotisch wirkt. Er wird überall angebaut, wo die Böden es hergeben, besonders in Dithmarschen, dessen Ackerfläche er sich mit allen anderen Kohlsorten dieser Welt teilt. Man bereitet ihn zu, indem man ihn zerkleinert und zu einer Art Brei zerkocht, in etwa wie Spinat. Er schmeckt leicht bitter und ausgesprochen grün, und es sind die Zugaben, die ihn zu etwas machen, das man nicht sofort einer traurigen Armeleuteküche zuordnen würde, wie das meiste schlappe Wintergemüse. Denn der Grünkohl wird mit viel Fleisch gekocht und serviert, mit würzigen Kochwürsten, salzigem Kassler und fettem Bauchfleisch. Dazu isst man Kartoffeln, entweder gebraten (mit Speck, versteht sich) oder mit Zucker karamellisiert. Das Ganze ergibt ein deftiges Winteressen, das am Ende dringend die Unterstützung der Verdauung durch einen Schnaps braucht, den man hierzulande Verteiler nennt.

Angeblich war es ein Topf voller Grünkohl, in den der Friesenheld Pidder Lüng einst den Kopf des Amtmannes Henning Pogwisch steckte, bis dieser erstickte. Und das, weil der auf Sylt Steuern eintreiben wollte. Ein Topf ziert daher auch das Wappen der Friesen – er verweist auf Grütze oder Grünkohl, und ganz sicher befinden sich darin Stolz und Widerstandsgeist als geheime Zutaten.

Detlev von Liliencron beschreibt es in seiner Ballade so:

Einen einzigen Sprung hat Pidder getan,
Er schleppt an den Napf den Amtmann heran
Und taucht ihm den Kopf ein und läßt ihn nicht frei,
Bis der Ritter erstickt ist im glühheißen Brei.

Die Fäuste dann lassend vom furchtbaren Gittern,
Brüllt er, die Türen und Wände zittern,
Das stolzeste Wort:
Leuwer duad üs Slaav!

Grünkohl ist ein besonders schönes Beispiel für schleswig-holsteinisches Essen, weil man an ihm sehr gut durchexerzieren kann, welche Kriterien die Gerichte hierzulande erfüllen mussten, um Teil einer traditionellen Küche zu werden. Im Grunde kann man es so zusammenfassen: regional, saisonal oder haltbar gemacht und dann alles zusammengeschmissen. Die bevorzugten Geschmacksrichtungen sind salzig-deftig oder süß und gern auch beides zusammen. Ein Paradebeispiel dafür wäre das Gericht »Birnen, Bohnen und Speck«, das alle genannten Kriterien erfüllt. Kurz: Die traditionelle norddeutsche Küche ist in erster Linie eine Bauernküche, wen wundert's. Fisch sucht man in den meisten Gerichten vergeblich. Nicht, dass es nicht hervorragende Fischgerichte gäbe – Kutterscholle, Krabbensuppe, Sahnehering, Kieler Sprotten –, aber Fisch ist früher eben nur an den Küsten wirklich frisch gewesen, sodass er, wenn er sich in der Traditionsküche findet, meistens sauer eingelegt oder durch Räuchern haltbar gemacht ist.

Wer sich für Aal in Gelee begeistern kann, dem gratuliere ich von Herzen, denn das gibt es hier oben durchaus. Neben dem Friedhof, den ich als Kind regelmäßig zum Zwecke der Urgroßeltern-Gräber-Pflege besuchte, gab es einen Landgasthof, an dessen Fassade »Aal in Gelee« geschrieben stand. Nicht als abnehmbares Schild, sondern als gemalter Schriftzug, dessen Tilgung eine komplette Fassadenrenovierung nach sich gezogen hätte. Noch heute gruselt es mich, wenn ich diesen Begriff nur höre. Er ist für mich für immer verbunden mit einer Welt, in der es Urgroßeltern gab, die mit Appetit ihre Gabeln in säuerlichen Glibber und verschrumpelten, bräunlichen Räucherfisch gesteckt haben und von denen man mir erzählte, für sie hätten die Augen gekochter Fische eine besondere Delikatesse dargestellt.

Auch mit Grünkohl konnte man mich als Kind jagen, und doch war Grünkohlessen etwas Herrliches. Nicht nur die Menge an Fleisch, das in seiner Würzigkeit kaum zu übertreffen war, auch die süßen, karamellisierten Kartoffeln gab es nur bei diesem Essen. Den grünen, bitteren Matsch konnte man beiseiteschieben und abkratzen. Aber vor allen Dingen hatte dieses Essen etwas Archaisches an sich. Der Küchendunst war stets so dick, dass man meinte, ihn schneiden zu können. Kohlgeruch, Wasserdampf, Karamell- und Fleischduft ließen sich nicht weglüften, zumal man Grünkohl im Spätherbst und Winter isst, wenn es draußen ohnehin so kalt ist, dass die Fenster von innen beim Kochen beschlagen. Dann das Essen selbst, angerichtet auf Platten, die den ganzen Tisch einnehmen, dicke Würste, in die man entweder beherzt hineinstechen oder sie wackelig zum Teller balancieren muss. Fleischstücke schweben durch die Luft, Kartoffelschüsseln kreisen – es ist der Inbegriff von Geselligkeit. Alle sitzen gemeinsam im Kohldunst und wissen, dass es das alles so bald nicht wieder gibt, also zugegriffen und reingestopft, so viel eben geht.

Viele Rezepte der norddeutschen Küche werden mit Fleisch deftig gemacht. Dennoch aß und isst man hier recht gemüselastig. Nicht, dass das gekochte Gemüse noch irgendein Vitamin enthält, nachdem man es so lange weich geschmort hat. Die norddeutsche Küche ist sicherlich nicht das, was man unter gesund versteht. Aber wie in den meisten ländlichen Regionen war Fleisch nicht immer in großen Mengen verfügbar und außerhalb der Schlachttage eben nur in geräucherter, gesäuerter oder getrockneter Form. Hier aß man deshalb jede Art von regionalem Gemüse – Rüben, Kartoffeln, Bohnen, Kohl –, gern gedünstet mit Mehlschwitze. Gestovt nennt man diese Zubereitungsart, und wer anderes Gemüse zur Hand hat, kann auch das jederzeit stoven, also in Mehlschwitze kochen, die meist mit Sahne oder Milch flüssig gemacht wird, und als Hauptgericht servieren. Wie der Fernsehkoch Lichter zu sagen pflegt: Mit Sahne kriegt man auch ein Sofa lecker.

Ansonsten warne ich davor, im Restaurant Gerichte zu bestellen, die lustig klingen. Sonst hat man womöglich plötzlich Swattsuur vor sich stehen, eine saure Blutsuppe, für deren Verzehr man schon etwas Mut braucht.

Falls jetzt der Eindruck entsteht, die bäuerliche schleswig-holsteinische Küche sei unansehnlich und wenig aufwendig, wäre das falsch. Wenig aufwendig ist nichts daran. Norddeutsche Gerichte verlangen bei der Zubereitung Zeit, Muskelkraft und Weitsicht. Ein typisches Festtagsgericht, das mit einem Übermaß an Understatement daherkommt, ist Frische Suppe. Das klingt wie etwas, das im Nu gekocht ist, frisch eben, und es sieht aus wie klare Brühe mit Einlage. Tatsächlich braucht man mehrere Tage, um eine gute Frische Suppe zuzubereiten, samt all der Einlagen, Grieß- und Fleischklößchen, und sie ist ein Gericht, das ich persönlich deswegen so liebe, weil es meine Vorurteile so zuverlässig überlistet. Der erste Löffel der so unspektakulär wirkenden Suppe verursacht stets eine völlig überraschende Endorphinausschüttung in meinem Gehirn. Die wird ganz besonders verstärkt, wenn die Suppe in einer Porzellanterrine serviert wird, in der Stube am Esstisch mit dem guten Leintuch. Vielleicht mit einem Kachelofen in der Ecke, wenn es draußen kalt und windig ist.

Wundern Sie sich nicht, wenn man Ihnen in Schleswig-Holstein eine süße Hauptspeise vorsetzt. Schließlich erfüllen auch Gerichte aus Obst alle Kriterien wie regional, saisonal oder haltbar gemacht und in großer Menge herzustellen.

Mehlbüddel (oder der ganz ähnliche Große Hans) ist ein Teigkloß, der nach Art von Dampfnudeln oder englischem Pudding in einem Tuch kocht und meist mit süßer Fruchtsoße und Speck serviert wird – eine Kombination, die Sie inzwischen nicht mehr überraschen dürfte. Die Legende besagt, dass es Mehlbüddel waren, von denen der Teufel bei den Großbauern in der Landschaft Schwansen so viele verzehrte, dass er sich auf dem Nachhauseweg, etwa auf Höhe des kleinen Naturparks Hüttener Berge, übergeben musste. Aus seinem Erbrochenen entstand der Rammsee – ein tiefer und geheimnisvoller Toteissee ohne Zufluss. Fliederbeersuppe (Fliederbeeren sind anderswo als Holunder bekannt) wird heiß mit Quittenstückchen und Grießklößchen gereicht und hilft bestimmt auch gegen Erkältung. Kirschsuppe kann man auch kalt essen, es handelt sich trotzdem um ein vollwertiges Hauptgericht.

Hinterher wird es ohnehin süß. Die Käseplatte ist hier nicht bekannt als Abschluss eines guten Essens, vielmehr muss am Ende noch unbedingt etwas gelöffelt werden.

Die bekannteste Nachspeise ist vermutlich die rote Grütze, für die es extra eine Sylter Version gibt, die sich aber eigentlich gar nicht von anderen Zubereitungsarten unterscheidet. Man isst sie mit Vanillesoße oder – wen wundert's – mit flüssiger Sahne.

An der Westküste gibt es eine rosafarbene Schaumspeise mit dem hübschen Namen Errötende Jungfrau, deren Farbe genauso von Johannisbeeren wie auch von Rotwein stammen kann, und in der Gegend um Flensburg kennt man die Präsidentencreme, eine Art Tiramisu-Spin-off, deren Name sich nicht von einem politischen Amt, sondern von der Sorte des darin verwendeten Rums ableitet: Hansen Präsident muss es sein.

Nach dem Essen hält man Mittagsstunde. Nicht umsonst hat Dörte Hansen einen ganzen Roman so genannt. Der Begriff besitzt eine eigene Wirkmacht und ist eng mit dem norddeutschen Essensrhythmus verbunden: mittags warm und üppig, danach Mittagsstunde, abends ein Abendbrot, das wirklich genau das ist – Brot.

Und dazwischen? Wenn man Glück hat, gibt es Kaffee und Kuchen am Nachmittag, und das kann schon ziemlich beeindruckend sein. Bei der Pharisäergeschichte bekam man bereits eine Ahnung davon, dass Sahne und Zucker in Norddeutschland nicht gerade vom Aussterben bedroht sind. Kleingebäck enthält hier häufig Pudding, Gewürzkuchen ist ohne eine Schicht Buttercreme nicht denkbar, und alles, was »trocken« ist, besteht entweder aus buttrigem Plunder- oder Blätterteig – Maikringel und dänische »Streifen« gibt es in jeder Bäckerei zu kaufen – oder ist gleich selbst ein Butterkuchen, in dessen Vertiefungen das Fett steht. In der Adventszeit kauft und backt man Klöben oder Stollen, der nicht nur Unmengen an Butter enthält, sondern auch noch vor dem Verzehr mit Butter bestrichen wird. In den Wintermonaten kann man mit etwas Glück irgendwo Pförtchen ergattern, kleine, runde Küchlein aus dichtem Hefeteig, die in einer speziellen Pfanne gebacken werden, verwandt mit den niederländischen Poffertjes und vollkommen dazu geeignet, dass man trotz bester Vorsätze am Ende glücklich mit Bauchschmerzen in der Ecke liegt.

Der Einfluss, den die ostpreußische Küche – mitgebracht von den zahlreichen Geflüchteten am Ende des Zweiten Weltkriegs – in ganz Schleswig-Holstein hatte, macht die Sache nicht besser. Hier wie dort müssen Eier, Butter, Schmand und Sahne stets in rauen Mengen verfügbar gewesen sein. Die alten Landfrauenrezepte enthalten zum Teil mehr Eier, als der haushaltsübliche Kühlschrank hergibt. Meine Schwiegermutter hatte viele Jahre lang zwei Kühlschränke im Haus, einen davon hauptsächlich für Sahne und Butter.

Zwei Torten möchte ich an dieser Stelle hervorheben, weil sie quasi überall zu bekommen und wirklich köstlich sind: Die Friesentorte ist so einfach wie unschlagbar – sie besteht aus Blätterteig unten und oben, dazwischen Pflaumenmus und Schlagsahne. Klingt einfach, ist es auch, und doch ist die Kombination dieser drei Komponenten in der richtigen Dosis durchaus einzigartig. Nur das Essen ist schwierig, denn die Torte kollabiert, sobald man sich mit einer Gabel daran zu schaffen macht. Das gilt auch für die zweite große Torte des Nordens, und man hört es schon am Namen: Trümmertorte. Ihre oberste Schicht besteht aus Mandelbaiser, das zersplittert, sobald man sie anschneidet, und wer es schafft, ein Stück dieser Torte in ansehnlicher Form auf einen Teller zu befördern, der ist zu beglückwünschen. Ein umgefallenes Stück Torte ist offenbar ein Orakel und wird hier kommentiert mit der Bemerkung: »Du kriegst eine schiefe Schwiegermutter.«

Auch die Lübecker Spezialität Niederegger-Nusstorte, eine Walnusssahnetorte mit Marzipanüberzug, gehört in die Abteilung Viel-Sahne-wenig-Teig. Die Torte ist eine Kreation der Traditionskonditorei Niederegger, die über Lübecks Stadtgrenzen hinaus vor allen Dingen für ihr Marzipan bekannt ist. Lübecker Marzipan wohlgemerkt – der Name ist geschützt und stellt eine Art Gütesiegel dar, denn er legt auch ein Verhältnis und eine Begrenzung der Zutaten fest, ein Marzipan-Reinheitsgebot.

Anfang des 15. Jahrhunderts kam es in Lübeck zu einer Hungersnot. In den Stadtspeichern fanden sich nur noch Mandeln und Zucker. Daraufhin wurde verfügt, aus diesen beiden Zutaten Brot herzustellen – voilà, das Lübecker Marzipan war erfunden. Die gleiche Erzählung findet sich in Königsberg, der Heimat des Königsberger Marzipans. Beides ist vermutlich Unsinn, aber das Lübecker Marzipan gehört wie auch die Kieler Sprotten zu den wenigen Produkten Schleswig-Holsteins, deren Herkunft geschützt ist. Wo »Lübecker« draufsteht, ist auch Lübecker drin. (Darüber, dass die Kieler Sprotten eigentlich aus Eckernförde stammen, sehen wir an dieser Stelle großzügig hinweg.)

Dass Marzipan nicht jedem schmeckt – geschenkt. Ich habe eine Tante, die lieber Leberkäse essen würde als Kuchen, auch so etwas gibt es schließlich. Aber mein Rat an alle, die neu in Schleswig-Holstein sind, ob zugereist oder touristisch unterwegs: Beleidigen Sie nicht das Marzipan! Machen Sie sich gern lustig über die bäuerliche Küche, über Möwenschiet und geschüttelten Rotwein, aber wenn Sie es sich mit den Norddeutschen nicht verscherzen wollen, zollen Sie dem Marzipan den angemessenen Respekt. Man muss es nicht essen, man darf sogar sagen, dass es einem nicht schmeckt, aber wer über die horrenden Preise schimpft, hat schon verloren. Teures Marzipan muss teuer sein. Und selbst falls es die Form eines grinsenden Schweinchens hat, das ein Kleeblatt im Maul hält – wenn es aus dem Hause Niederegger kommt, weiß man, es handelt sich um ein angemessenes Geschenk.

Marzipan kann man jederzeit essen. In der Adventszeit als große Brote, das ganze Jahr über als Konfekt, vielleicht nach dem Abendessen beim Beisammensitzen am dänischen Bollerofen, die Füße auf dem Deichschaffell, einen dampfenden Grog auf dem Tisch und vor den Fenstern eine undurchdringliche Dunkelheit, die das Wort »Lichtverschmutzung« noch nie gehört hat. Das wäre jedenfalls mein Vorschlag für die beste Marzipanzeit des Tages.

Davor aber gibt es Abendbrot, wobei das Brot in meinen Augen tatsächlich die Hauptrolle bei dieser Mahlzeit spielt. Meine Mutter ist in Franken aufgewachsen und bringt, wann immer sie die Gelegenheit hat, einen Frankenlaib mit in den Norden. Für sie ist es das perfekte Brot. Für mich aber ist es nur fades Graubrot verglichen mit dem saftigen, groben, dunklen Vollkornbrot, das man in ganz Schleswig-Holstein zu jeder Tageszeit kaufen kann. Wo immer ich auf diesem Planeten war, nach diesem Brot habe ich mich gesehnt. Es hat so viel Eigengeschmack, dass man es ohne alles essen kann, aber es ist auch ein würdiger Partner für jede Art von deftigem Aufschnitt, den »würzig« genannten stinkenden Käse, der hierzulande produziert wird, oder für einen der zahlreichen Feinkostsalate, die man besonders gern aus eingelegtem Hering bastelt. Es verträgt sich mit schwarzem Zuckerrübensirup und blassem Rapshonig und vor allen Dingen mit herbem Bier.

Wenn Sie also von all dem Kohl, den Rüben, dem geräucherten Fleisch, den komischen Namen und dem Süßkram auf der Speisekarte verunsichert sein sollten, bestellen Sie sich doch einfach ein Krabbenbrot. Ich wüsste nicht, was man – vorausgesetzt, man lebt nicht vegetarisch – damit falsch machen könnte.

Kopfreisen und Leuchttürme

Kunst und Künstler zwischen den Meeren

Jan Christophersen

Einem Land oder einer Landschaft kann man sich auf unterschiedlichste Arten nähern. Zu Wasser etwa, zu Lande oder durch die Luft. Verschiedenste Vehikel können dabei behilflich sein. Ein Rad zum Beispiel wäre denkbar, gute Wanderschuhe, ein voller Tank, die passende Thermik, ein seetüchtiges Boot. Jede dieser Arten hat ihre Vorzüge und Nachteile. Allen gemein ist, dass sie einen gewissen Einsatz voraussetzen. Man muss schon hinreisen in das Land, das einen interessiert. Wer sieht, versteht; wer außerdem hört, riecht, schmeckt und fühlt, beginnt vielleicht zu begreifen.

Daneben gibt es noch einen weiteren Weg, der den Vorteil hat, dass man für ihn nicht unbedingt gezwungen ist, die eigenen vier Wände zu verlassen. Man kann es sich auch einfach auf seinem Sofa, in der Badewanne, im Bett oder wo auch immer bequem machen und wird etwas über ein Land erfahren, ohne sich diesem dafür physisch nähern zu müssen. Natürlich ist es kein großes Geheimnis, wovon hier die Rede ist: von Kopfreisen. Sie kennen das selbstverständlich, schließlich betreiben Sie gerade selbst eine solche »Reise«, indem Sie dies hier lesen. Sie könnten aber auch einen Bildband aufschlagen und sich mittels Kunstwerken einen Eindruck von Land und Leuten verschaffen. Sie könnten Comics zur Hand nehmen, Filme schauen, Fotobücher durchblättern, Musik hören und sich so etwas über Schleswig-Holstein erzählen lassen. Viele Wege führen ans Ziel.

Eine Annäherung über die Kunst und die Künstler ist seit jeher jedenfalls nicht die allerschlechteste Idee, und das Beste daran ist, dass sich diese Annäherungsweise prima mit den anderen kombinieren lässt. Es bietet sich ja durchaus an, etwa auf der Zugfahrt Richtung Ziel sich diesem bereits literarisch zu nähern oder auch musikalisch, ganz wie man mag. Man könnte auch, wenn man eine flexiblere Reiseart als den Zug wählt, sagen wir das Auto oder besser noch das Rad, zunächst einzelne Orte und Plätze ansteuern, die in Kunstwerken eine Rolle gespielt oder an denen Künstlerinnen und Künstler gelebt oder gewirkt haben. Da hat man gleich Anknüpfungspunkte an ein Land, das, als Ganzes betrachtet, ja immer größer erscheint, als es eigentlich ist.

Spielen wir es ruhig einmal durch. Nehmen wir an, wir würden uns Schleswig-Holstein wie wahrscheinlich die allermeisten von Süden aus nähern, im Auto vermutlich. Wir lassen also den Elbtunnel und die Großregion Hamburg hinter uns und haben nun mehrere Möglichkeiten. Wir könnten über die A7 schnurstracks weiter Richtung Norden fahren, womöglich auf der Durchreise nach Skandinavien, wobei wir linker und rechter Hand der Autobahn nicht allzu viel geboten bekommen, außer vielleicht den Nord-Ostsee-Kanal und die Rader Hochbrücke bei Rendsburg, von der aus man einen sehr hübschen Blick über das Land hat. Auch der Weg nach Nordosten böte sich an, genau zwischen Kiel und Lübeck hindurch und weiter auf die Insel Fehmarn, um von dort aus mit der Fähre Puttgarden–Rødby oder bald durch den sich noch im Bau befindlichen Fehmarnbelttunnel nach Lolland zu gelangen.

Natürlich gäbe es auf dem Weg auch jede Menge gute Gründe, einen Zwischenstopp einzulegen – zum Beispiel für all die schönen Gutshöfe, in deren Hallen und Scheunen sommers anlässlich des Schleswig-Holstein Musik Festivals immer wieder hochkarätige klassische Konzerte stattfinden; man könnte auch einen der Erstlingsfilme von Detlev Buck schauen wie *Karniggels* – aber nun gut, wir sind auf der Durchreise, da hat man wenig Zeit. Man kann sich die Filme zumindest für zu Hause vormerken.

Wir könnten aber auch im Land bleiben und gleich hinter Hamburg den Strom der Autokolonne verlassen und uns linker Hand in Richtung Westen bewegen. Warum eigentlich nicht? Ab in den Landkreis Steinburg. Das kann man machen. Da taucht dann sehr bald ein Ort wie Itzehoe auf, in dem zum Beispiel das Wenzel-Hablik-Museum zu finden ist. Den kennt nicht jeder. Ein expressionistischer Maler, Grafiker und Kunsthandwerker war das, eigentlich in Böhmen geboren, der ganz ausgezeichnete Landschaftsbilder und Gemälde hinterlassen hat, viel Natur, viel Meer, sehr norddeutsch.

Fährt man weiter, kommt man wenig später an einem Ort vorbei, der trotz seiner Größe oder vielmehr seiner

Kleinheit tatsächlich weltberühmt ist: Wacken. Ein holsteinisches Dorf, wenig Aufregendes ist an ihm zu finden. Neubausiedlung, bisschen Wald, Bäcker, Einkaufsladen. Aber hier in Wacken findet jährlich Anfang August das größte Heavy-Metal-Festival der Welt statt, zu dem mittlerweile Abertausende zumeist schwarz gekleidete Gäste pilgern und Bands von überallher kommen. So ein Festivaltag beginnt ganz zünftig mit Blasmusik von der freiwilligen Feuerwehr des Ortes, den Wacken Fire Fighters, bevor es dann laut und heftig weitergeht. Gerade der Gegensatz, das Nebeneinander von holsteinischem Dorfleben und schwarz bekutteten Heavy-Metal-Massen, hat seinen Reiz. Der Dokumentarfilm *Full Metal Village* vermittelt ein sehr schönes Bild dieses kulturellen Aufeinandertreffens, das trotz der heftigen Musik sehr friedlich zu sein pflegt. Da sieht man dann die Metalheads tatsächlich zum *Holstein-Lied* moschen, als wäre es ein Song von Sepultura oder Rammstein: »Da wird die Sau geschlacht'! DIE SAU! / Da wird die Wurst gemacht! DIE WURST! / Im schönen, herrlichen Holsteinland.« Man versteht sich anscheinend, und die Dorfbevölkerung nimmt den Trubel als interessante Abwechslung und verdient sich mit Souvenirs, selbst gekochter Marmelade und palettenweise Dosenbier, das sie verhökert, ein paar Euros hinzu.

Hinter dem Landkreis Steinburg kommt dann bereits Dithmarschen. Hier könnten wir dem Hebbel-Museum in Wesselburen einen Besuch abstatten und in einem unbeobachteten Moment Probe liegen im erstaunlich kleinen Wandbett des Dichters. (Aber das ist keine offizielle Empfehlung, natürlich.) So langsam befindet man sich dann auch in der Gegend, von der Dörte Hansen in *Mittagsstunde* erzählt. Außerdem hat hier die 2013 verstorbene

Lyrikerin Sarah Kirsch ziemlich zurückgezogen gelebt und, weil das in Dithmarschen eben schnell zum Thema wird, immer wieder übers trübe Wetter geschrieben, das sie eigentlich mochte: »Die abgeschlagenen Köpfe der Kühe/Schweben im Nebel über den Wiesen/Wenn der gehörnte Pfarrer am Abend/Mit roten Augen im Torfstich umherirrt.« Und immer so weiter …

Andere Strecke, andere Kunst. Nähern wir uns diesmal doch zur Abwechslung mit dem Segelboot und schippern gemütlich die Ostseeküste entlang, bis wir hinter Olpenitz den Kurs wechseln und bei Schleimünde dem Meeresarm ins Land hinein folgen, vorbei an der Halbinsel Maasholm und der Hafenstadt Kappeln in Richtung Schleswig. Nicht zufällig ist die Schlei ein beliebtes Segelrevier. Das Gewässer ist sehr angenehm zu befahren und liegt inmitten einer hügeligen Endmoränenlandschaft. Es wäre kein Wunder, hier im Ufergestrüpp einen Maler zu entdecken, Klaus Fußmann etwa, den Halb-Berliner, Halb-Geltinger, oder ein Mitglied der Norddeutschen Realisten, dieser losen Künstlervereinigung, die sich zu jährlichen Symposien trifft und noch ganz klassisch an Ort und Stelle, in der Natur stehend, ihre Bilder gestaltet. Neuerdings spielen hier die *Sommerby*-Bücher von Kirsten Boie, die eine vertraute Lindgrenstimmung vermitteln; früher war es die Region der erfolgreichen Fernsehserie *Der Landarzt,* die man vielleicht nicht unbedingt gesehen haben muss. Das hübsche Haus des Filmarztes aber lohnt einen Blick und wird bald hinter der Klappbrücke Lindaunis steuerbords zu entdecken sein. Knapp vor der Brücke auf der anderen Uferseite, in Sieseby, hat in seinen letzten Jahren der Autor Jurek Becker gelebt, bekannt durch *Jakob der Lügner* oder die ganz anders gelagerte Fernsehserie *Liebling Kreuzberg.*

Wenig bekannt ist, dass die Landschaft an der Schlei die Vorlage für die Geschichten der *Biene Maja* gewesen ist. Der Pastoratsgarten von Ulsnis inspirierte Anfang des 20. Jahrhunderts den Autor Waldemar Bonsels zu seiner Geschichte um »diese Biene, die ich meine«, wie Karel Gott sie besungen hat. Bonsels' Onkel war um die vorletzte Jahrhundertwende Pastor in diesem kleinen Ort in Angeln, dessen reetgedecktes Pastorat mit großem Garten noch heute ziemlich malerisch unterhalb der romanischen Kirche liegt, sodass der Arbeitsweg des Pastors auf einem schmalen Pfad durch ein Kornfeld den Hügel hinaufführt. Hier verbrachte Bonsels, der die meiste Zeit seines Lebens in Bayern lebte und dort auch seine Biene-Maja-Geschichten verfasste, mehrere Ferienaufenthalte. Das Gesumme der Bienen, die Schmetterlinge, all das hat die Fantasie des Autors, wie er selbst in seiner Autobiografie erzählte, in Gang gesetzt. Leider endete Bonsels' Zeit in Ulsnis unglücklich. Beim Nachspielen eines Karl-May-Abenteuers erdrosselte der Junge unbeabsichtigt die Ziege Grete und musste abreisen.

Heute kennt man kaum noch Werke von ihm, die zu seiner Zeit Bestseller waren, aber die Biene Maja ist geblieben und hat es weit gebracht, von Ulsnis bis in alle Ferne. Und wenn man die Schlei noch weiter hinaufsegelt, kommt man irgendwann an Haithabu vorbei und kann schließlich in der Nähe des achteckigen Wikingturms in Schleswig von Bord gehen, um die letzten paar Meter zum Landesmuseum Gottorf zu Fuß zurückzulegen …

Wer für diese Art von Ausflügen durch die Kulturlandschaft Schleswig-Holsteins keine Geduld oder keine Muße hat, kann es sich auch leichter machen und gleich die drei kulturellen Leuchttürme ansteuern, die letztlich über alles andere hinausragen, ohne dieses deshalb ganz in den Schatten zu stellen. Die Rede ist von den drei großen norddeutschen Künstlern, die man durchaus in einem Atemzug nennen kann: Storm-Mann-Nolde. (So aufgezählt klingt das beinahe wie die Nachbargemeinde von Hanerau-Hademarschen, Großhansdorf oder Westerdeichstrich.) Jeder Einzelne dieses Dreiergestirns hat auf seine ganz eigene Art einen Aspekt des Schleswig-Holsteinischen künstlerisch dargestellt, und zwar auf eine so nachhaltige Weise, dass die meisten bereits von ihnen gehört haben dürften, selbst wenn sie sich noch nie mit Norddeutschland beschäftigt haben. Noldes Blumenstillleben oder die wilden, expressiven Meeres- und Landschaftsbilder hat vermutlich jeder schon mal irgendwo gesehen. Vom *Schimmelreiter* hat jeder gehört, und wenn nicht von ihm, dann zumindest vom Gedicht über *Knecht Ruprecht* (»Ruprecht: Habt guten Abend, alt und jung/Bin allen wohl bekannt genung./Von drauß' vom Walde komm ich her;/Ich muß euch sagen, es weihnachtet sehr!«). Und *Buddenbrooks* ist und bleibt aus gutem Grund eines der berühmtesten Werke deutscher Sprache überhaupt. Man kann schon sagen, dass diese drei die Art und Weise, wie das Land wahrgenommen wird, mit geprägt haben. Dabei sind sie alle schwierige, zum Teil widersprüchliche Charaktere gewesen, deren öffentliche Wahrnehmung sich über die Jahre auch immer wieder gewandelt hat.

Nolde zum Beispiel. Bis vor wenigen Jahren hing ein Ölgemälde dieses Malers prominent im Kanzleramt bei

Angela Merkel an der Wand, der *Brecher,* eine 1936 angefertigte, noldetypisch farbstarke Nordseewelle. Auch Helmut Schmidt blickte in seinem Kanzlerbüro auf ein Gemälde des Malers, *Meer III* von 1947. Vor diesem Bild soll der Noldefan Schmidt seinen Gästen gern den hohen Stellenwert erläutert haben, der in der Bundesrepublik einst »entarteter« Kunst beigemessen wurde. Nolde war tatsächlich stark von den Nazis verfolgt worden. Von keinem anderen Maler wurden mehr Bilder beschlagnahmt. Seine »Ungemalten Bilder«, winzige Aquarelle, die er trotz eines »Malverbots« heimlich auf kleinen Blättern anfertigte, schienen ihn als eindeutiges Opfer des Regimes auszuweisen. Neueste biografische Erkenntnisse allerdings haben eine Seite des Malers zutage gebracht, die konträr zu diesem Bild steht. Nolde selbst nämlich war im höchsten Grad unglücklich und irritiert über den Umgang der Nazis mit seiner Kunst, weil er selbst der »Bewegung« und der nationalsozialistischen Weltanschauung so nahestand. Sein NS-Parteibuch, Briefe und Aussagen, später auch von ihm selbst redigierte rassistische Schilderungen in der Autobiografie zeigen zweifelsfrei, wo er politisch verortet war. In der Nachkriegszeit jedoch bildete sich, nicht zuletzt von ihm selbst befördert, die Sicht vom »verfolgten« Künstler heraus, woran auch ein großartiger Roman wie die *Deutschstunde* von Siegfried Lenz einen Anteil hatte.

Nach den neuen Erkenntnissen hat sich die Wahrnehmung Noldes nun stark geändert. Seine einst so geschätzten Gemälde im Kanzleramt wurden abgehängt. Welche Auswirkung dies alles für die zukünftige Bewertung seiner Werke haben wird, muss sich erst noch zeigen. Festzuhalten bleibt, dass seine farbenprächtigen Darstellungen den Blick auf die Region maßgeblich geprägt haben. Man sieht das Land anders, wenn man seine Werke kennt. Nolde hat gewissermaßen die Farben für Schleswig-Holstein entdeckt, obwohl er, sagen wir, ein schwieriger Mensch war.

Auch ein so hochverehrter und mit dem Nobelpreis ausgezeichneter Autor wie Thomas Mann hat über die Zeit unterschiedlichste Wahrnehmungsweisen seiner Werke erlebt. Seine *Buddenbrooks,* die heute als eine ironisch gebrochene Feier des Bürgertums gelten können und Lübeck auf der ganzen Welt bekannt gemacht haben, wurden von den Bewohnern der Hansestadt zunächst vor allem als große Zumutung und Unverschämtheit aufgenommen. Vieles in dem Buch war ja auch nicht eben schmeichelhaft. Bald ging die Rede vom Vogel, der sein eigenes Nest beschmutzt. Und so was macht man natürlich nicht, das gehört sich nicht. Es dauerte einige Zeit, bis die Stadt zu dem Abbild, das in dem Buch von ihr gemalt wurde, stehen konnte. Dann aber waren die Lübecker voller Begeisterung und akzeptierten das Porträt sogar mit einigem Stolz. Thomas Mann selbst sprach später in einem Festvortrag von »Lübeck als geistiger Lebensform«, was hübsch in den Ohren der Hansestädter geklungen haben muss, aber wer den eher unmotivierten Vortrag je wirklich gelesen hat, fragt sich schon, was damit eigentlich gemeint sein soll. Wie auch immer: Es klingt gut, und die Stadt profitiert bis heute von diesem wundervoll lesbaren, unterhaltsamen Buch. Es ist keine Übertreibung zu sagen, dass Lübeck ohne Thomas Mann (und Marzipan) heute kaum noch gedacht werden kann.

Ähnliches ließe sich über Husum sagen, diese »graue Stadt am Meer«, wie Theodor Storm sie einst nannte. Er hat der Stadt und der Landschaft, in der sie liegt, viel Aufmerksamkeit beschert und immer wieder darüber geschrieben. Mancher hat das als etwas »provinziell« abgetan. Theodor Fontane etwa monierte die »Husumerei« des Autors, womit er jedoch weniger die Literatur als vielmehr das Provinzhafte am Menschen Storm meinte, der im privaten Umgang so gar nicht weltläufig auftrat.

Bis heute weht in den schmalen Gassen Husums, am Hafen, wo die Kutter und Schiffe allzu oft ebbebedingt träge im Schlick liegen, eine stormsche Luft. Durchaus denkbar, dass der auf den Porträts immer reichlich griesgrämig aussehende Dichter hier noch heute herumstiefelt, Krabbenbrötchen in der Hand oder einen Weihnachtsbaum hinter sich herziehend. Als Kind ist Storm immer ängstlich durch die dunklen, damals unbeleuchteten Straßen der Stadt nach Hause geeilt, nachdem sein Kindermädchen ihm Gruselgeschichten erzählt hatte. Diesen Grusel, das Unterschwellige und Bedrohliche hat Storm dann viel später, als Allerletztes, in seiner berühmtesten Novelle über den *Schimmelreiter* literarisch dargestellt und damit die Wahrnehmung der Nordseeküste für immer geprägt. Das war alles andere als provinziell, das war und ist Weltliteratur, die bleibt. Draußen auf den Deichen, zwischen blökenden Schafen, den Blick auf Windkraftanlagen und das graue Watt gerichtet, ist die Figur des geisterhaften, berittenen Deichgrafen Hauke Haien deshalb bis heute lebendig und spürbar.

Wie immer gilt: Wer etwas über Künstlerinnen oder Künstler wissen möchte, hält sich am besten an die Werke, die sie geschaffen haben. Da sind sie immer noch am vollständigsten zu finden. Bei den drei norddeutschen Leuchttürmen lohnt sich aber auch ein Besuch der Erinnerungsorte. Noldes Blumengarten in Seebüll, ganz oben an der deutsch-dänischen Grenze gelegen, rechtfertigt neben der Bilderausstellung gewiss die Anfahrt. Nolde selbst hat den Garten angelegt, und die Pfade durch die Beete ergeben, aus der Luft betrachtet, die Anfangsbuchstaben der Vornamen von seiner ersten Frau und ihm, Ada und Emil. Man könnte sagen, es ist ein rundes, in die Breite gezogenes dänisches Æ entstanden, auf dem man zwischen Blumen herumwandelt. Etwas weiter südlich bietet sich das Storm-Haus dann nach einer geführten Wattwanderung an der Westküste perfekt zum Aufwärmen an. Und Lübeck mit dem Buddenbrookhaus – darüber muss man eigentlich gar nichts sagen. Einfach hinfahren und anschauen.

Ach, das gilt im Grunde für ganz Schleswig-Holstein und die Kultur im Land. Tatsächlich gibt es hier jede Menge zu sehen, zu hören und zu lesen.

Das Meer ist …

… *Wirtschaftsgrundlage, Transportweg, Sportplatz, Lebensgefühl?*

Mareike Krügel

Eines Abends klopfte es an der Tür meiner Studentenwohnung in Thüringen. Draußen stand, schon deutlich angetrunken, eine Handvoll Exil-Norddeutscher und fragte, ob ich ein Auto besäße und sie jetzt sofort alle ans Meer fahren könne. Sie hätten festgestellt, dass sie alle sehr, sehr dringend den Horizont sehen müssten. Algen riechen, Wellenrauschen hören. Es ging nicht darum, besoffen am Strand einzuschlafen oder esoterischen Hippiequatsch auf einer Steilküste zu veranstalten – sie hatten einfach eine solch furchtbare Sehnsucht, dass es ihnen nicht ausreichend erschien, am kommenden Wochenende einen Zug zu besteigen, um an die Ostsee zu reisen.

Als ich ein Kind war, bestand meine Mutter ständig darauf, »ans Wasser« zu fahren. Vor allem nach längeren Ferienaufenthalten musste der erste Familienspaziergang unbedingt am Meer stattfinden. Als wollte sie nachgucken, ob es noch da war. Ich wollte lieber in den Wald.

Ehrlich gesagt war es am Meer langweilig und kalt. Graues Wasser, grauer Himmel, graue Promenade – so sah es meistens aus. Im Hintergrund die grauen Umrisse eines Klärwerks, gegenüber das Ufer einer Förde (von wegen weiter Blick bis zum Horizont) mit dem grauen, schiefen Turm des Ehrenmals von Laboe, und gelegentlich erspähte man eines dieser grauen Kriegsschiffe, die aussahen wie vergrößertes Plastikspielzeug.

Ich atmete nicht automatisch tief ein, sobald ich auf dem Parkplatz an der Küste die Autotür öffnete. Ich war blind für die farblichen Abstufungen des Wassers, das jeden Tag, jede Stunde anders aussah, niemals gleich, mal mit linealgenau gezogener Horizontlinie, mal verschmelzend mit dem Himmel, mal kabbelig mit Bäckermützen, mal glatt mit geradezu öliger Oberfläche, mal glitzernd mit tausend blendenden Reflexionen. Ich war taub für die Nuancen der Klänge, die von den Wellen verursacht wurden, mal wütend rauschend, mal plätschernd und geheimnisvoll rieselnd, wenn die leckenden Wellen auf ihrem Rückzug über die kleinen Steine strichen. Ich roch nur Gestank, vom Klärwerk, von vergammelten Algen, von Motoröl, aber ich nahm nicht das Salz wahr, mit dem die Luft aromatisiert war, spürte nicht die verschiedenen Intensitäten des Windes, den ich stets nur unangenehm fand, weil er meine Haare so zerzauste, dass sie mir in den Mund oder ins Eis wehten, oder mir kalt und unbarmherzig in die Ohren fuhr, bis sie innen und außen schmerzten. Und dann das langweilige Spazieren – hin und her. An der Küste gibt es keine Rundwege.

Die Steine mochte ich. Die Steilküsten mit schönen, schiefen Bäumen – es gab Stellen, die mochte ich fast genauso gern wie den Wald. Aber ich hätte nicht das Meer dazu gebraucht, es war eben da, es war schon okay, manchmal war es sogar ziemlich hübsch.

Ob man in Schleswig-Holstein an der dänischen Grenze wohnt, direkt im Hamburger Speckgürtel, in Dithmarschen oder Lauenburg, Pinneberg, Neumünster oder in einem Ostseebad an der Lübecker Bucht – das Meer ist niemals weit weg. Natürlich fährt man nicht ständig dort hin, wenn es eine Stunde mit dem Auto oder dem Zug braucht, aber man muss nicht erst auf einen längeren Urlaub warten, um für einen Strandausflug die Badehose und das kleine Schwesterlein einzupacken, wenn einen die Sehnsucht packt.

Manch einer hat jedoch das Glück, direkt in der Landeshauptstadt zu leben. Man kann von Kiel halten, was man will (manche nennen es die hässlichste Stadt Deutschlands) – es liegt nun einmal direkt am Wasser, und jeder, egal ob wirtschaftlich denkend, romantisch, fernwehgeplagt oder gesundheitsorientiert, wird begreifen, dass dies eine Stadt zu etwas Besonderem macht.

Von Kiels Uferpromenade aus sieht man die Kräne und Aufbauten der Werften, deren Betreiber mit den Jahren immer mal wechselten, sodass ich heute nicht mehr weiß, welcher Schriftzug gerade aktuell vom Westufer aus über die Förde hinweg zu lesen ist. Noch in der Innenstadt riecht es nach Hafen, und das Thema Meer ist an allen Ecken präsent – als Name von Hotels und Läden, als Motiv in der Architektur, als Skulptur oder in der Stadtplanung.

Denn so hässlich Kiel jemandem, der Buxtehude oder Wismar, Schwerin oder Lüneburg kennt, erscheinen mag, es ist viel geplant und gedacht worden in dieser Stadt, die wegen ihres Militärhafens im Zweiten Weltkrieg so drastisch bombardiert wurde, dass sie in Windeseile in einer Zeit wieder aufgebaut werden musste, die unserem aktuellen Geschmack so gar nicht mehr entspricht. Nicht selten stehen Gäste fassungslos vor dem flachen Betongebäude, das Schloss heißt und einen Konzertsaal mit Kronleuchtern beherbergt, aber von außen nichts mit einem Schloss gemein hat. Dafür sieht der Turm des Rathauses aus wie der Campanile in Venedig und ist ein irgendwie absurder Gruß an eine andere Stadt, die zwar ebenfalls am Wasser liegt, aber dabei eine völlig andere Geschichte erzählt. Jedenfalls keine von Militärschiffen, Bunkern, Werften und Matrosenaufständen.

Wenn man in die weite Welt hinauszieht, merkt man schnell, dass die meisten Kiel für das Ende der Welt halten. Für tiefste Provinz. Erst 1989 tauchte Kiel auf der Wetterkarte der *Tagesschau* auf. Davor gab es nördlich von Hamburg nichts mehr.

Umso überraschter war ich, als ich durch Neuseeland reiste und von allen dort auf meine Bemerkung, Deutsche zu sein, gefragt wurde, ob ich womöglich aus Kiel käme. Das Rätsel war schnell gelöst: Neuseeland besteht aus Inseln, es ist umgeben von Wasser, und genau wie in Schleswig-Holstein gibt es keinen Ort, von dem aus man nicht in weniger als einer Stunde an der Küste sein könnte. Also ist eine der beliebtesten Sportarten in Neuseeland das Segeln, und welcher Segler, welche Seglerin kennt nicht die Kieler Woche? Für Segelbegeisterte ist Kiel nicht das Ende der Welt, sondern eine Hauptstadt.

Während hier in der letzten Juniwoche auf dem Wasser Segelregatten stattfinden, feiert man in der Stadt und ihrer Umgebung auf unterschiedliche Arten bis tief in die

Nacht. Am zweiten Wochenende schaut man sich die Windjammerparade – die Präsentation der Traditionssegler – an, das ist obligatorisch, ein guter Platz dafür ist neben dem Leuchtturm in Holtenau. Und wenn man abends betrunken das Hindenburgufer entlanggeht, passt man bitte dringend auf, dass man sich nicht ins Seehundbecken übergibt. Dieses Becken ist ein besonderer Ort, und man weiß nie, ob man an irgendeinem Tag zu irgendeiner Stunde einen Seehund zu sehen bekommt. Es wurde 1972, kurz vor den Olympischen Spielen in München, deren maritime Wettbewerbe in der Region um Kiel ausgetragen wurden, erbaut und eingerichtet. Die ersten Seehunde hießen denn auch Kilius und Olympia. Einige der kommenden Seehundgenerationen sind in Kiel geboren. Manchmal kamen auch Neuzugänge von außerhalb. Jimmy, der im gleichen Monat des gleichen Jahres geboren wurde wie ich, stammte zum Beispiel von Helgoland. Das Außenbecken, das man jederzeit besuchen kann, ist Teil eines größeren Lebensbereichs, dessen Innenteil sich im Kieler Aquarium befindet, einem kleinen, dunklen Labyrinth im Untergeschoss des Helmholtz-Zentrums für Ozeanforschung. Dort kann man auch andere Meeresbewohner sehen, die einem normalerweise beim Baden nicht unterkommen: Rochen, Seeigel, Garnelen.

Beim Schwimmen in Nord- und Ostsee begegnet man nämlich hauptsächlich Ohrenquallen. Ihren Namen haben sie von den deutlich sichtbaren ringförmigen Geschlechtsorganen, die irgendwann einmal jemanden an Ohren erinnert haben müssen. Die schiebt man energisch beiseite, ekelt sich einen kleinen Moment lang und schwimmt dann unbeirrt weiter. Findet man sie am Strand, wirft man sie je nach Verfassung oder Charakter entweder zurück ins Meer (von wo aus sie schon mit den nächsten Wellen wieder zurückgespült werden) oder auf einen anderen Menschen.

Manchmal findet man Seesterne, entweder tot und vertrocknet und damit bereits hervorragend präpariert, um sie mit nach Hause nehmen und unbegrenzt aufbewahren zu können, oder lebendig und an den Pfählen eines Anlegestegs klebend. Auf den Inseln der Nordsee findet man die schwarzen Rocheneier, die wie verkohlte Maultaschen aussehen, und mit etwas Glück einen Schulp, also das Knorpelstück einer Sepia, das man jemandem schenken sollte, der Wellensittiche besitzt, damit diese ihre Schnäbel daran wetzen können. Und die Schalen verschiedenster Muscheln bedecken natürlich die Strände, an den Unterseiten der Boote sitzen die Seepocken, im seichten Wasser kann man mit einem Stück Kochschinken an einer Schnur Strandkrabben anlocken und herausziehen.

Aber im Kieler Aquarium kann man sehen, was noch alles da draußen ist. Und im Helmholtz-Zentrum kann man es erforschen. Es ist angebunden an die Christian-Albrechts-Universität, wo man selbstverständlich Meeresbiologie studieren kann, ein Studiengang für alle, denen einfache Biologie zu prosaisch ist. Denn ganz ehrlich: Die Liebe zum Meer ist ein romantischer Topos, und diejenigen, die die Meere unseres Planeten erforschen, sind die Lyriker unter den Biologen.

Man hat auf der Jütischen Halbinsel viele steinzeitliche Funde gemacht. Interessant ist, dass auch hier die Dreiteilung des Landes zu erkennen ist: Auf dem mittleren Längsstreifen, der Geest, gab es offenbar kaum Besiedelung in der Zeit, als die Menschen anfingen, sesshaft zu werden. Hingegen an Nord- und Ostseeküste finden sich besonders weit zurückreichende Funde. Vielleicht könnte man sagen, dass die Sesshaftigkeit der Menschheit in Europa an den Küsten begonnen hat. Das wäre jedenfalls plausibel, denn während eine Gruppe von Jägern und Sammlern den Bewegungen der Herden und Rotten, die ihre Jagdbeute darstellten, folgen musste, um gut versorgt zu sein, gab es an den Küsten immer genügend zu essen. Die Funde deuten darauf hin, dass Muschelsammeln zu den Tätigkeiten gehörte, die erste Siedler regelmäßig durchführten. Man konnte am Meer bleiben, ohne zu verhungern, und von da aus war es kein großer Schritt mehr zur Umkehrung der Verhältnisse. Nicht die Menschen folgten den Tieren, sondern die Menschen holten die Tiere zu sich.

Während also die Leute hier an den Küsten – allerdings deutlich später als die Bewohner der Mittelmeerränder – sozusagen die nordische Version des sesshaften Lebens erfunden haben, spezialisierten sie sich im Laufe der Zeit immer weiter darin, einen Teil ihrer Bevölkerung aufs Meer hinauszuschicken, um Nahrung zu finden. Vielleicht wurde auf diese Weise auch die Arbeitsteilung erfunden, die bis heute in den Küstenregionen zu beobachten ist: Die Männer fahren hinaus, die Frauen bleiben zurück, und niemand weiß so genau, welche Rolle die schwerere ist. Dass das Leben an der Küste zu einigem Wohlstand führen konnte, zeigen jedenfalls die Funde aus Haithabu und die Ausstattungen der Friesenhäuser auf den Inseln.

Wie viele Wochen muss es im Mittelalter gedauert haben, auf Segel- und Ruderschiffen ins Baltikum zu fahren? Wie lange waren die Männer der nordfriesischen Inseln auf See, wenn sie zum Walfang hinausfuhren? Und wie lange mussten die Daheimgebliebenen sich gedulden, bis sie Nachricht erhielten von deren Schicksal?

Heute fahren sie auf Tankern und Containerschiffen um die Welt, die Seebären, sind Maschinisten und Nautische Offiziere und haben Mobiltelefone und Funkanlagen, um mit ihren Angehörigen und Freunden in Kontakt zu bleiben. Dennoch träumen sie den gleichen alten Seefahrertraum. Anders ist es nicht zu erklären, dass überhaupt jemand bei Verstand diese Arbeit machen möchte. Und wäre es nicht zugleich der Traum einer ganzen Gesellschaft, es gäbe niemanden, der mit Seeleuten eine Familie gründen würde, weil es nämlich kaum auszuhalten ist, zu warten und auch stets ein bisschen zu bangen und sich immer und immer wieder verabschieden zu müssen. Heute, in einer globalisierten Welt, wäre es jedenfalls leicht, diese Jobs andere machen zu lassen, den ärmeren Regionen das Warten und Bangen und Verabschiedenmüssen zu überlassen. Ohne wenigstens ein Quäntchen Romantik und Abenteurerimage ist diese harte Arbeit kaum noch attraktiv.

Romantik – die sich nicht selten als Tradition tarnt oder als »Verbundenheit mit dem Meer«, denn wer gibt schon gern zu, im Grunde des Herzens romantisch zu sein? – findet man auch, wenn es um die Marine geht, die hier im Norden ein wichtiger Arbeitgeber ist. Genau wie die Schleusen am Ende des Nord-Ostsee-Kanals bei Holtenau grüße ich jedes Mal still und heimlich das Segelschulschiff *Gorch Fock,* wenn ich nach Kiel komme. Viele Stützpunkte sind inzwischen abgebaut, vielen Wohnsiedlungen sieht man an, dass sie aus ehemaligen Kasernen entstanden sind, viele Marinesoldaten mussten umsatteln und neue Berufe erlernen. Aber noch immer ist eine der häufigsten Antworten, die man bekommt, wenn man jemanden mit einem anderen Dialekt fragt, warum es ihn oder sie nach Schleswig-Holstein verschlagen hat: »Ich bin bei der Marine.«

Der Anblick der grauen Kriegsschiffe gehört zu Kiel wie das Laboer Ehrenmal, das an die Gefallenen der Weltkriege erinnert. Bei Eckernförde kann man mit etwas Glück in der Bucht ein Periskop erspähen und mit noch mehr Glück ein U-Boot auftauchen sehen.

In Lübeck und Kiel starten die gigantischen Fähren nach Norwegen, Schweden und ins Baltikum, groß wie Hochhäuser und ausgestattet mit tiefen, durchdringenden Signalhörnern, die jedes Gespräch unterbrechen. Für einen Moment herrscht Schweigen in Kiel, wenn ein Schiff der Stena Line beim Auslaufen tutet. Es hat keinen Sinn, das Geräusch übertönen zu wollen. Ein langer, klagender Laut wie der Todesseufzer eines verendenden Urzeitmonsters tönt durch die Stadt, und während es einfach ein Abschiedsgruß sein soll, murmeln sicherlich nicht wenige Einheimische wie eine Beschwörung »Gute Reise« in ihren gegen den Wind hochgestellten Kragen. Alle hier kennen die Geschichten von gekenterten Schiffen und abgebrannten Fähren, selten wie Flugzeugunglücke und trotzdem bei entsprechend langer Lebenszeit ein beinahe unvermeidliches Ereignis.

Die großen Containerschiffe hingegen gehören nach Hamburg oder Rotterdam, keine Frage, aber es gibt einen Ort in Schleswig-Holstein, an dem sie genauso zu sehen sind – der Nord-Ostsee-Kanal durchschneidet das Land zwischen Kiel und Brunsbüttel, und wer lange genug zur

See gefahren ist und keine Lust mehr hat, die Familie immerzu für lange Perioden allein lassen zu müssen, sucht sich einen Job als Kanallotse. Seefahrt für Sesshafte sozusagen. Und an der Westküste sind es die Krabbenkutter, die man auch als Feriengast sofort identifizieren kann, und das sowohl am Aussehen als auch am Geruch.

Natürlich wird reichlich Verschiedenes gefischt in Nord- und Ostsee – Dorsch und Meerforelle, Seelachs und Scholle, Flunder und Makrele zum Beispiel. In einer Jugendherberge auf der Insel Föhr, in der ich als Jugendliche auf einer Klassenfahrt wohnte, hatten die Zimmer Fischnamen, und ich schlief im Zimmer »Knurrhahn«. Es ist nicht so, dass ich mich beim wettbewerbsmäßigen Fischaufzählen schämen müsste, aber ich erspare Ihnen meine Spezialkenntnisse an dieser Stelle, denn sie haben kaum eigenen literarischen Wert. (Durchaus geeignet wären sie allerdings für ein Kindergedicht, meine ich.)

Die Nordseekrabben hingegen, die eigentlich Garnelen sind, haben ihre Tauglichkeit zur Kunstinspiration bereits hinlänglich bewiesen. Im Song *Karola Petersen* der Band Torfrock beispielsweise heißt es: »Oh Karola, siet letzte Woch is dat um mi geschehn/Ick heb di inne Köök Krabbenpulen sehn.« Darin wird besungen, welch betörender Anblick eine Frau sein kann, die mit flinken Fingern im Akkord Krabben pult, also gekochte Nordseegarnelen zum Verzehr vorbereitet, indem sie sie von ihrem Panzer befreit – »… und söbenhunnert Krabben inne Stund mookst du nackich«.

Die schiere Menge an Krabben ist es auch, die die ganze Sache so spektakulär macht, wenn ein Krabbenkutter mit reichlich Fang in den Hafen zurückkehrt und direkt vom

Deck aus die bereits abgebrühten Krabben tütenweise an die Umstehenden verkauft werden. Diese Krabben muss man wie Karola Petersen zu Hause in der Küche nackig machen. Für den Großhandel werden die Nordseekrabben nach Nordafrika geschickt, wo sie ebenfalls von Hand gepult werden, bevor sie wieder zurück nach Deutschland reisen.

Krabbenfischen gehört zur Westküste Schleswig-Holsteins wie Bratwurstbraten zu Thüringen. Es ist ein spezialisiertes Fischen mit spezialisierten Booten, und wie alles Spezialisierte birgt es Probleme. Denn in den Schleppnetzen, die im 19. Jahrhundert zum Nonplusultra der Krabbenfischerei erklärt wurden, landen natürlich nicht nur Garnelen, sondern buchstäblich alles, was gerade im Weg herumschwimmt, wenn der Kutter vorbeikommt. Die Tiere, die man eigentlich gar nicht mitfischen wollte, nennt man Beifang. Dieser wird über Bord geworfen, so schnell wie möglich, damit er eine Überlebenschance hat, die leider nach einem Intermezzo auf dem Deck eines Krabbenkutters nicht besonders hoch ist. Die Möwen, die den Kuttern stets in großen Scharen folgen, wissen das und machen leichte Beute.

Es sind hauptsächlich junge Schollen, die bei der Schleppnetzfischerei – der Fachbegriff für das Holz, das dabei über den Boden gezogen wird, heißt »Baumkurre« und wäre wie all die anderen Termini der Fischerei ebenfalls für ein Kindergedicht geeignet – als Beifang mitgefischt werden und oft genug enden. Schon deshalb kommt es ständig zu Auseinandersetzungen mit dem Umweltschutz.

Aber wo tut es das nicht, wenn es um Wirtschaft und Meer geht? In Schleswig-Holstein kennt man solche Probleme nur allzu gut. Ob es um Probebohrungen für Öl geht, um Fracking, Offshore-Windparks oder Fangquoten – immer muss man in diesem Bundesland um Kompromisse ringen, weil sich zwei Seiten nahezu unvereinbar gegenüberstehen: die, die alles zulassen, und die, die alles untersagen wollen. Nicht umsonst heißt der Kompromiss, den Robert Habeck 2015 als Umweltminister Schleswig-Holsteins zwischen Umweltschützern und Fischern vermittelt hat, ganz gewichtig »Muschelfrieden«. Wer in Schleswig-Holstein das Umweltministerium leitet, ist nicht zu beneiden. Und an den Küsten der Nord- und Ostsee wird Jahr für Jahr für die Region verhandelt, was letztlich die ganze Welt entscheiden muss: Wie kann eine Balance aussehen zwischen der Versorgung der Menschen und dem Erhalt ihrer Lebensgrundlage?

Hätte ich als Studentin ein Auto besessen, ich hätte die betrunkenen, sehnsuchtskranken Nordlichter, ohne mit der Wimper zu zucken, noch in derselben Nacht ans Meer gefahren. Denn auch mich befiel während meiner Zeit in Thüringen immer wieder aus heiterem Himmel ein wehes Ziehen in der Brust, sobald ich an Brandung, Sonnenuntergänge und Segelboote dachte. Diese verklärte Einstellung zum Meer, wie sie nach meinem Dafürhalten ein großer Teil der Deutschen pflegt, hängt offenbar direkt zusammen mit der Tatsache, nicht am Meer zu sein. Lebenslang behalten kann man sie, wenn man lediglich zu touristischen Zwecken an die Küsten fährt.

In dieser Zeit fantasierte ich über ein Haus am Meer, das unbedingt Teil meines Lebensplans sein musste, in völliger Verkennung der Tatsache, dass die ständige Lärmbelästigung durch das Wellenrauschen mich bereits nach kurzer Zeit um den Verstand bringen würde. Inseln tauchten in meinen Texten auf, Inselvolk, Inselprobleme, Inselwetter, während ich selbst in Unibibliotheken saß. Einhandsegeln war auf einmal keine idiotische Idee sozialinkompatibler Nerds mehr, sondern ein Traum, der für alles Mögliche zu stehen schien. Ich interessierte mich für angepasste Schlafrhythmen, Süßwassergewinnung und die psychische Belastung langer Phasen der Einsamkeit. Las Bücher von Thor Heyerdahl und hatte ein Faible für Filme, die in der klaustrophobischen Atmosphäre der Seefahrt spielten.

Alles am Meer war romantisch, sogar die Gefahr, die von ihm ausging. Alles am Meer war cool, allen voran diejenigen, die es bezwangen, sei es auf Balsaflößen oder Surfbrettern. Alles am Meer war erzählenswert, es musste beschrieben, gemalt, vertont und gefilmt werden. Wen interessierte es, dass mir sofort schlecht wurde, wenn ich länger als fünf Minuten auf einem Bootsdeck stand? Es ging ja gar nicht um das echte Meer oder ein echtes Boot. Es ging um die Lebensreise und das große Unbekannte, es ging um Schönheit und Gefahr in Personalunion. Es ist ein bekanntes Phänomen: In der Fremde identifiziert man sich am stärksten mit der Heimat. Sahnehering zu essen habe ich erst in Mitteldeutschland gelernt.

Wer aber am Meer lebt, wird früher oder später bei der Binsenweisheit anlangen, dass dieses gigantische Ökosystem, in dem man gerade mit seinen nackten Füßen steht, Milliarden von Jahren vor einem da war. Und dass es nicht zum eigenen Vergnügen existiert oder um eine romantische Sehnsucht zu bedienen. Es ist nicht da, um darin zu baden, nicht, um darauf zu verreisen, ganz sicher nicht, um darin etwas zu versenken – man kann all das tun, selbstverständlich, aber es ist eine Erkenntnis, die einen beispielsweise während eines Strandspaziergangs wie ein Schlag treffen und beinahe umhauen kann: Man hat hier gerade einen Ausschnitt der Wasserfläche vor Augen, die zwei Drittel der Erdoberfläche bedeckt, in der es die tiefsten Punkte der Welt gibt, unerforscht und womöglich für uns unerforschbar, deren Pflanzenwelt die größte Menge an Sauerstoff produziert und deren zoologische Artenvielfalt ihresgleichen sucht.

Einen kleinen Teil dieser Lebewesen kann man in Kiel im Aquarium sehen. Man kann sie bemitleiden, diese Seepferdchen und Köhler, diese Seesterne und Steinfische, die in kleinen Glaskästen leben müssen, damit wir sie betrachten können. Aber vielleicht haben sie auch Glück, denn ihr Wasser ist sauber und ihr Futter gesund und nahrhaft.

In die Schlei, den Ostseearm, der zwischen Kiel und Flensburg weit ins Binnenland reicht, wurden vor einigen Jahren aus Unachtsamkeit tonnenweise Plastikteilchen gepumpt. Man konnte sie mit bloßen Händen im Schilf aufsammeln, konnte, wenn man wollte, mit ihnen baden, aber die meisten werden wohl gegessen worden sein. Genau wie die Munitionsreste, die in der Kieler Bucht und der Flensburger Förde nach dem Zweiten Weltkrieg versenkt wurden und nun am Meeresboden vor sich hin oxidieren, um zuerst von Fischen und dann via Filet und Räucherware von Menschen verspeist zu werden. Mein Bruder schwört, einmal einen Fisch auf dem Markt gekauft zu haben, der im Dunkeln leuchtete. (Er hat dann etwas anderes gekocht.)

Ich habe viele Jahre lang mit einer allzu pragmatischen Selbstverständlichkeit am Meer gelebt. Habe die Dinge mit Schulterzucken und Ist-halt-so hingenommen, habe Sachverhalte für zu kompliziert erklärt, als dass es eine einzige Wahrheit geben könnte. Ich habe schlau dahergeredet und abgebrüht argumentiert, über Umweltschutz und Artensterben, über Golfstrom und Blaualgen, Überfischung und Mikroplastik. Aber wirklich begriffen habe ich bei alldem nicht, dass der kleine Abschnitt Ostsee vor meiner Tür eigentlich viel größer ist als die Menschen mit ihren U-Booten, Frachtern, Motorjachten. Teil von etwas Uraltem, Geheimnisvollem, das uns alle überdauern wird, ganz egal, wie wir es verändern und beeinflussen. Das zu unserer Lebensgrundlage gehört, von der wir nicht losgelöst existieren können. Was wir dem Meer antun, tun wir uns selbst an. Klingt pathetisch? Ist es auch. Ganz unnorddeutsch gebrauche ich große Worte, wenn ich heute an die See denke. Hochachtungsvolle Worte. Aber auch demütige. Und immer öfter verzweifelte.

Nachwort: Tschüß – mit ß
Oder: Die Ewigkeit sieht aus wie Wrist

Wenn man auf einem Globus Deutschland finden möchte, ist das meistens gar nicht so einfach. Von der französischen Atlantikküste kommend oder gar aus polnischer Richtung, wird es schwierig. Vom italienischen Stiefel aus Richtung Norden geht es schon leichter, aber irgendwo dazwischen befindet sich Österreich. Wo beginnt das? Wo hört es auf? Weitaus besser ist es, man sucht zunächst Skandinavien, das zwischen viel blauem Wasser liegt und aussieht wie ein großer Hund. Unter der Schnauze entdeckt man dann – je nach Größe des Globus – einen kleinen Haken, der aus dem dicken Teil von Zentraleuropa herausragt. Das ist Jütland, dessen nördlicher Teil zu Dänemark gehört. Fährt man nun mit dem Finger nach Süden, streift man unweigerlich Schleswig-Holstein und ist am Ziel. Hier beginnt Deutschland. Oder es endet hier, ganz wie man mag.

Mit dem Finger kann man problemlos die Elbe überqueren, nach Hamburg oder Niedersachsen kommen.

Mit dem Auto stellt ein Fluss ein echtes Hindernis dar. Dafür hat man Brücken und Tunnel erfunden, die verkehrstechnisch wie kleine Nadelöhre wirken. Wer Schleswig-Holstein verlassen möchte, muss daher fast immer mit Verzögerungen rechnen. Stau vor dem Elbtunnel, Stau vor der dänischen Grenze, Stau vor der Autofähre über die Ostsee. Flughäfen sind kein wichtiger Teil der schleswig-holsteinischen Infrastruktur. Das Schienennetz wird in der Hauptsache von Regionalbahnen befahren, die an jeder Milchkanne halten und gelegentlich beunruhigend lange an einem gottverlassenen Bahnhof stehen bleiben, sodass einem angst und bange wird, ob man wohl tatsächlich jemals an einem Ort ankommt, wo es so etwas wie urbanes Leben gibt.

Auf der Strecke zwischen Hamburg und Flensburg kann einen durchaus ein trostloses Gefühl der Weltverlorenheit überkommen. Unserer Erfahrung nach geschieht das recht zuverlässig in dem kleinen Ort Wrist. Dass dies nicht nur unser persönliches Empfinden ist, beweist ein Gedicht, das der Autor Heinrich Detering über diesen Ort verfasst hat. Es heißt schlicht und ergreifend *Wrist:*

Wenn irgendwo die Schrift erscheint
Hic habitant leones
Dann ist vermutlich Wrist gemeint
Ich weiß es Ich bewohn es

Ich lebe hier im Zwischenreich
Aus Himmeln und aus Mooren
Die Welt ist mir inzwischen gleich
Der Welt ging ich verloren

Hier werd ich sein, wenn nichts mehr ist
Nicht Löwe Land noch Karte
Die Ewigkeit sieht aus wie Wrist
Ich habe Zeit Ich warte

Bringen Sie in jedem Fall Geduld mit, wenn Sie Schleswig-Holstein verlassen wollen, egal auf welchem Weg. Und verzagen Sie nicht: Wohin auch immer Sie sich von hier aus wenden – es erwartet Sie die ganze Welt. Im Norden liegt Skandinavien, im Süden das große europäische Festland, nach Westen stoßen Sie – egal ob im Ruderboot oder unter Segeln – früher oder später auf Großbritannien, und wenn Sie Richtung Osten paddeln, landen Sie im Baltikum, in dessen Hinterhof sich Russland ausbreitet.

Aber kommen Sie, wenn Sie weggefahren sind, ruhig einmal wieder. Mit den Jahren hat sich für uns herausgestellt, dass das Land Schleswig-Holstein eine Region ist, in die man anscheinend gern zurückkehrt. All die Ostsee- und Nordseeliebhaber, die Jahr für Jahr wiederkommen. Die Ferienhausbewohner, Dauercamper. Wie die Zugvögel zieht es sie verlässlich hierher zurück. Und das Gleiche gilt für viele Menschen, die in Schleswig-Holstein geboren wurden. Unter ihnen gibt es eine beachtliche Anzahl, die zwar, sobald es geht, erst einmal von hier weg und in die weite Welt abhaut, um über den Tellerrand zu schauen, die dann aber, in einem speziellen Alter, zum Familiegründen und Sesshaftwerden zurückkehrt. Wir haben es letztlich genauso gemacht.

Genau wie das Wörtchen »Moin« gibt es hier ein Universalwort, das in jeder Abschiedssituation geeignet ist:

»Tschüß«. Es wird im Allgemeinen mit langem ü gesprochen und daher in der Schriftsprache mit ß geschrieben. (Während man hier gern das a in »Bad« kurz spricht – kein Mensch weiß, warum das so ist, man muss die Dinge einfach akzeptieren, wie sie sind.)

Im Norden ist jedenfalls nichts Niedliches an der knappen Verabschiedung, auch ganz sicher nichts Unhöfliches oder Unachtsames. Seien Sie also nicht irritiert, wenn man Ihnen das Wörtchen im Sternerestaurant beim Gehen zuruft. Jetzt können Sie nutzen, was Sie während Ihres Aufenthalts in Schleswig-Holstein geübt haben, als Sie auf leere Wattflächen schauten, das Wetter abschätzten, eintopfartiges Essen zu sich nahmen, die Geschichte zu begreifen versuchten und den verschiedenen Varianten von Friesisch lauschten: Nuancen wahrzunehmen. Denn »Tschüß« lässt sich auf jede erdenkliche Art sagen. Es lässt sich singen oder voller Herzlichkeit ausrufen, mit Inbrunst, Pathos, Beiläufigkeit sagen, aber natürlich auch verächtlich oder »muksch« (eingeschnappt). Sie wissen schon: Wer in Schleswig-Holstein nicht genau hinhört, hinsieht, hinfühlt, dem entgeht das meiste, und nur so kommen die Vorurteile zustande, die Norddeutschen seien kurz angebunden oder garstig.

Und wenn Sie also eines Tages an irgendeinem anderen Ende der Welt auf einem Globus, der nicht größer ist als ein Tennisball, Deutschland zeigen müssen, suchen Sie einfach den großen skandinavischen Hund, und legen Sie Ihren Finger auf den kleinen Zipfel vor seiner Schnauze. Von dort aus finden Sie den Rest ganz leicht.

In diesem Sinne: Tschüß!

Dänemark
Sylt
Westerland
Aventoft
Seebüll
Glückst
Nordfriesische Inseln
Wattenmeer
Niebüll
Flensb
Föhr
Dagebüll
Wyk auf Föhr
Schles
Flensb
Amrum
Wittdün
Halligen
Bredstedt
Hooge
Nordfriesland
Pellworm
Schleswig
Danewerk
Nordstrand
Rungholt
Südfall
Husum
Wattenmeer
Treene
Friedrichstadt
Eiderstedt
Re
St. Peter-Ording
Eider
Wesselburen
Heide
Helgoland
Dithmarschen
Nord-Ostsee-Kanal
Büsum
Meldorf
Nordsee
Trischen
SCH
Wacken
Sankt Michaelisdonn
Steinbur
Wattenmeer
Marne
Itzehoe
Brunsbüttel
Cuxhaven
Elbe
Glückstadt
El
Wattenmeer
Oste
Pi
Bremerhaven
NIEDERSACHSEN
0
10
20
30
40
50 km